U0590177

这样给孩子定规矩,
孩子才不会抵触

品 墨 编著

中国商业出版社

图书在版编目(CIP)数据

这样给孩子定规矩,孩子才不会抵触/品墨编著. -- 北
京:中国商业出版社,2021.1(2025.6 重印)
ISBN 978 – 7 – 5208 – 1411 – 9

Ⅰ. ①这… Ⅱ. ①品… Ⅲ. ①家庭教育 Ⅳ. ①G78

中国版本图书馆 CIP 数据核字(2020)第 236835 号

责任编辑:王 彦

中国商业出版社出版发行

(www.zgsycb.com 100053 北京广安门内报国寺 1 号)

总编室:010 – 63180647 编辑室:010 – 63033100

发行部:010 – 83120835/8286

新华书店经销

三河市众誉天成印务有限公司印刷

*

880 毫米 × 1230 毫米 32 开 6 印张 136 千字

2021 年 1 月第 1 版 2025 年 6 月第 4 次印刷

定价:36.00 元

* * * * *

(如有印装质量问题可更换)

　　孩子每次和我们对着干，就是孩子对家长所谓的规矩有抵触情绪。规矩要定得简单明确，要让孩子从心里认可这是为了他着想，孩子才会乐意遵从。规矩要明确具体，保证孩子听得懂；规矩还要适合孩子的能力，以确保孩子可以做得到。

　　好孩子是肯定出来的，多表扬才能培养出自觉主动的孩子，以表扬为出发点的言语，孩子才能听到心里去，我们才有可能从根本上改变孩子。越表扬，孩子越自信越积极；越批评，孩子越自卑越叛逆。有些孩子一受到批评，就乱发脾气、又哭又闹；即使再三纠正，他还是记不住，下次仍然会犯同样的错误……孩子的所有行为问题，其实都与家长的处理方式密切相关！父母要看透孩子逆反行为背后的真实心理。孩子有逆反行为，其实是因为他觉得你不理解他。你要准确解读孩子的逆反行为，化解他心中的小小反抗。你越理解孩子的心理，孩子就越能理解你的要求，从而更配合你！你能理解孩子，孩子就能理解你！

　　我们小时候就知道文明礼貌对于一个人的重要性，我们也希望自己的孩子懂文明讲礼貌。礼貌是拉近自己和他人的一座桥梁，懂礼貌的人容易被别人接受，成为一个受欢迎的人，所以父母要培养孩子从小讲礼貌。学会礼貌待人是一个潜移默化的过程，不是一蹴而就的。很多父母也给孩子立规矩，要孩子讲礼貌，但是效果并不尽如人意。我想这样的情况很多家长都遇到过：有客人来家里玩，家长会对孩子说"快叫叔叔阿姨好"，然而孩子漠然地看了客人一眼，扭头就回房间了，留下尴尬的父母和客人。家里来了客人，孩子却这么没有礼貌，真让人觉得脸上无光。到底怎么做才能培养出一个讲礼貌的孩子？不懂礼貌，就让孩子和你一起招待客人，在潜移默化中让孩子懂得尊重别人就是尊重自己，从而培养出一个文明礼貌的孩子。

本书总结了中外很多成功的教子经验，将崭新的家庭教育理念和现代教育理论有效融合，文字深入浅出，事例活泼生动，具有很强的实用性和可操作性，相信我们成功的家教经验一定会对您的家庭和孩子有所帮助。定出合理、简单、易行、具体的规矩，不用对立也能培养出自律快乐的孩子。

2020 年 8 月

目录
contents

第一章

父母好好说话，孩子才会听话

说教归说教，但请别唠叨

家长和孩子说话时，有时会不自觉地开始唠叨，通过重复、夸大显而易见的事实来对孩子进行说教。当他们这么做时，孩子就会在心里大喊："够了！"

四年级时，夏林因期中考试成绩"不理想"，爸爸从下午6点一直唠叨到次日凌晨1点。在一次问卷调查中，在"父母最大的毛病"一栏里，夏林毫不犹豫地在"唠叨"上打了钩。

夏林说，那次他的数学考了89分，语文考了88分，在班里排名第11。开完家长会，爸爸走出教室时的脸色不太好，夏林感觉不太妙。

下午放学回家，"火山"就爆发了！那时才6点多一点。爸爸将夏林叫到他的房间，一个劲儿地说夏林没有考到前10名，说家长会上老师说夏林成绩退步了，他的脸都被夏林丢光了。爸爸问夏林怎么那么不争气，这段时间干什么去了，为什么成绩会退步……

两个小时过去了，爸爸翻来覆去地说。夏林终于听不下去了，开始反驳："你天天就知道忙，还对我这么严，不就是没考进前10名吗？不就是两门课没有达到90分吗？你干吗这么计较？我下次努力就是了。"

爸爸见自己口水都说干了，儿子竟然没听进去，又劈头盖脸地说起来。说来说去还是那些大道理，什么"我都是为你好，我不工作谁赚钱，我对你不严点怎么行呢"之类的话。夏林一直沉默不语，就那么坐着，缩着头听。

晚上10点妈妈回来了，爸爸说累了，就让妈妈来"换岗"。当爸爸终于让他去睡觉时，夏林走出房间，一看表，已经次日凌晨1点多了。

生活中，有些家长知道不能打孩子，因为怕失手将孩子打伤，但是他们丝毫不担心说教给孩子造成的伤害。孩子对家长唠叨的反感，犹如孙悟空对唐僧念紧箍咒的厌恶。当孩子犯错时，急于解决问题的家长，总是采取这种看似行之有效而实际却毫无用处的办法：唠叨。家长忽略了孩子对问题的陌生、无助和恐惧，没有站在孩子的立场上去理解孩子，这样的说教，如何能起到立竿见影的作用？若想和孩子进行有效的沟通，最好和孩子一起分析、解决问题，才能使孩子树立信心，迎难而上。

家长该如何减少唠叨呢？

1. 抓大放小

孩子的成长离不开大人的关心，但是有些事情是无关紧要的，它们没有家长想象得那么严重，所以家长完全可以睁一只眼闭一只眼。家长在教育孩子时不要整天紧张兮兮的，可以让自己放松一点儿。关于孩子生活中的琐碎小事，家长应该学会放下。毕竟孩子每天都在成长，许多道理会慢慢明白，许多事情慢慢会做，因此不需要家长千叮咛万嘱咐，一再唠叨，孩子当然会觉得厌烦。

家长应该学会把最主要的精力放在那些重要的事情上，应当学会关心孩子最核心的需求，比如孩子的人生态度、价值观念、理想、生活习惯、学习方法，等等。抓大放小，培养好孩子的"核心"能力，这样一来，家长便轻松了许多，孩子也会跟你更亲近，你说的话对孩子自然有效得多。

2．学会等待

有的家长往往有这样一种心理：自己说一句，孩子就必须言听计从；给孩子提出的目标，孩子就必须达到。这种想法忽视了孩子年龄的特殊情况，孩子毕竟是孩子。他们的心智和能力还没有发展到那么成熟，有些事情可能还没有理解，有些事情可能还不知道怎么去做，有些事情可能还会常常出错。因此，做家长的必须学会等待，要克制自己急躁的情绪，给孩子充分的时间去改变，要允许孩子有所反复。孩子的成长需要一个过程，比如生活自理能力的提高、良好习惯的养成、文化知识的积累等，都需要长时间的历练，这不是唠叨所能改变的。

3．只说一遍

如果家长想让孩子做什么事，或者想让孩子怎么做一件事，应该先选择好恰当的时机，和孩子坐下来好好谈谈。为了引起孩子的注意，家长可以清楚明白地告诉孩子："你要认真地听，这话我只说一遍。"在对孩子说的时候，要重点突出，不要对孩子唠叨个没完。如果担心孩子没有理解，可以再给他解释一下其中的要点。

另外，纠正孩子的错误时，家长也要点到为止，只要孩子能够认识到错误并愿意改正就可以了，不要反反复复没完没了。要知道，唠叨在大多数时候是不动听的，说多了会让孩子更烦，甚至会适得其反。

4. 就事论事

当孩子犯错的时候，有的家长喜欢翻孩子的旧账，把陈芝麻烂谷子的事都拿出来说，把孩子曾经的种种"恶行"全部数落一遍，每次都是越说越激动，越激动越来气。其实，在生活中孩子犯错是正常的，犯错误是孩子的权利，孩子就是在犯错误的过程中成长起来的。对于孩子犯的错误，家长应当就事论事，犯了什么错就说什么错，不要加以引申。

批评孩子的语言艺术

"良言一句三冬暖，恶语伤人六月寒。"家长在教育孩子的时候要讲究语言艺术，特别是当孩子犯错的时候，千万不要简单粗暴地批评孩子或者打骂孩子，否则只会让孩子离你的期望越来越远。

冯军正在读小学，数学成绩一直不好，爸爸很着急。每次看完冯军的试卷，爸爸都发现同样一个问题——粗心，于是斥责儿子："你怎么每次考试都这么粗心？长眼睛是干什么使的？"面对爸爸的斥责，冯军只是沉默地低着头。

可是下一次，冯军的数学成绩还是不见起色，而爸爸渐渐发现试卷中除了因粗心而犯的错，还经常有不会做的题目直接空在那里。爸爸很生气，说："这么简单的题你都不会做？你上课干什么去了？"

无论在学习中，还是日常生活中，当冯军犯错时，爸爸不仅批评他，有时还会打他。渐渐地，冯军不爱上学，不爱说话，还变得爱逃学。有一次期末考试，冯军的成绩在班里排名倒数第一，他非常害怕，在隔壁单元的楼道里躲了一夜……

很多家长的脑子里还有封建大家长制的残余思想，认为孩子是自己的，想骂就骂，想打就打。通常他们以个人心情的好坏为意志，心情好时对孩子格外关心和亲切，心情不好时则不理不睬，甚至拿孩子当出气筒、替罪羊。孩子常常因为一点小错招来"暴风骤雨"，事后孩子甚至不知道原因何在，更谈不上吸取教训了。这种简单粗暴的教育方法，会使孩子整日生活在惊恐不安之中，个性也会受到压抑。

另外，简单粗暴地指出孩子的错误，会丧失家长的威信。每个家长都是爱孩子的，但是当孩子犯错或不听话的时候，父亲通常会觉得自己的权威受到了挑战，心想：你才几岁，竟然不听话，竟然犯这种错，现在不治治你，将来还了得！于是便对孩子进行粗暴的教育。

孩子犯了错误，如果家长不是心平气和地进行教育，告诉他错在哪儿，以后遇到类似的事情该怎么办，而是不分青红皂白，对孩子斥责打骂，甚至体罚孩子，这样只会让孩子口服心不服，头脑里只会留下痛苦的体验，对家长产生怨恨或恐惧感。这如何让孩子去信任家长、敬重家长呢？

家长如何批评孩子才是正确的呢？

1. 避一避

孩子犯错后，家长要学会避一避。一方面，是给孩子一个反思的空间；另一方面，是防止因为冲动而言语过激，使孩子受到伤害。除此之外，也可以假装不理睬，以一种"冷处理"的方式，使孩子感受到"无声"的惩罚，从而反省自己的过失。

2. 选一选

指出孩子的错误需要选择合适的时间和地点，这种充分考虑孩子感受的做法有利于孩子积极改正错误。私下里面对面地和孩子交谈，孩子能够轻松接受家长的批评，并认真思考、改正。

3. 绕一绕

孩子犯错了，家长可以尝试着给孩子讲一些寓言、故事、童话等，然后加以引申、发挥，含蓄委婉地指出孩子的错，让孩子从寓言、故事和童话中受到启迪，这样往往会收到意想不到的教育效果。

4. 笑一笑

用幽默的语言作为批评的手段能避免孩子产生逆反心理，使其在笑声中受到教育。

5. 变一变

家长应该改变说话的方式，不应该对孩子说："叫你不要到处乱扔垃圾，你长耳朵没有？"而应该改变一下，这样说："孩子，如果每个人都像你这样把垃圾到处扔，那我们生活的环境该多脏啊。"家长不应该说："那些东西家里又不是没有，你还去跟小孩子抢，丢不丢脸啊？"应该改变一下，这样说："跟别人借来玩一下可以，但是不可以去抢呀。"

这样与孩子沟通，孩子才会听话

某公司老板每天事务繁忙，应酬很多，家里的事情一概交予妻子打理，包括女儿的所有事情，也都是妻子一个人操心。

这天，这位老板难得在家休息，家里的电话铃声响起。妻子带着女儿逛街去了，他只好接起电话。电话里一个女孩子找他的女儿，当得知他女儿不在家的时候，这个女孩子托他转告他的女儿一些事情。他很认真地拿过纸和笔，把对方的话一一记了下来。

晚上，妻子带着女儿回来了。他拿过记录的纸条，不敢有一点遗漏地向女儿转达电话内容。女儿最开始还一脸严肃地听着，然后就神秘地冲妈妈笑，最后和妈妈一起哈哈大笑起来。他吓了一跳，很不理解女儿笑什么，甚至有些不高兴："我对你的事情这么重视，你还笑，什么意思吗？"

结果女儿说，那个电话是她打的，她和妈妈打赌，想看看父亲能否听出自己女儿的声音。

结果，女儿赢了。

父亲听了后，半天没有说话。

这是一位忙得忘了自己是父亲的父亲。

由此我们可以断定，这位爸爸很少与女儿沟通，连女儿的声音都听不出，自然也很难与孩子成为朋友。虽然他很关心女儿，很重视女儿的事，但他却不是一个好爸爸。因为好爸爸一定是孩子的好朋友。

什么是朋友？

其实简单地说，朋友就是能和自己谈得来的人。

如何谈得来？

多一些沟通，多一些交流，多一些共同语言，"谈得来"自然水到渠成。

沟通是思想与情感的交流，是信息与意见的交换。很多孩子都不想把自己的心里话告诉父母，跟爸爸说了，怕自己哪句话说得不对，爸爸会火冒三丈地训斥一番；跟妈妈说了呢，还怕妈妈既严厉又絮叨地批评。于是孩子更加不想把自己的想法告诉家长，如此恶性循环，便形成僵局，造成不可逾越的鸿沟。

如何培养好自己的孩子，如何才能与自己的孩子畅通无阻地沟通交流，是每个家庭、每位家长所非常关注的问题，而这也是现今社会环境下一个很棘手的问题。家长在与孩子沟通时，首先需要调整自己的心态，应该暗示自己：我有这样一个可爱的孩子，我们要一起成长，我们要一起面对很多问题，我们一定会生活得更幸福，更有乐趣。

所以，无论多忙，作为家长，都不要忘了与孩子的沟通。

1. 尊重、信任孩子，是与孩子有效沟通的前提

我们应该明白：爱孩子，首先要尊重、信任孩子。尊重和

信任，是现代教育的第一原则。尊重、信任孩子，意味着爱护他们善良美好的心灵，意味着一种涵养和宽容待人的品格。尊重、信任孩子，就要尊重孩子对学习时间的安排，不要过多地干涉，特别是不要干涉孩子的课余时间；就要尊重孩子的隐私权，孩子的随笔、日记、信件未经孩子允许不要随便翻看；就要尊重孩子的兴趣，并积极鼓励孩子发展个性特长；就要尊重孩子的正当交往需要，包括与异性同学交往的需要。

与此同时，家长还应摆正自己的位置。教育可以划分为三个时代：第一是前喻时代，即知识的传授是长辈传给晚辈，师傅传给徒弟；第二是并喻时代，即长辈、晚辈相互学习；第三是后喻时代，即晚辈向长辈传授知识。目前的教育处于并喻时代向后喻时代进阶的阶段。

在信息化社会中，学生获得知识的途径是多种多样的，因此孩子虽然年少，却已蕴含着影响成人世界的潜能。这表明成人单方面控制孩子成长的时代即将结束。现代社会正朝着两代人共同进步的社会迈进。这就要求家长摆正自己的位置，千万不能唯我独尊，不能要求孩子唯命是从，而更多的应是"不当裁判当顾问，多提建议少命令"。

2. 身教重于言传，是与孩子有效沟通的基础

托尔斯泰说过："在一个家庭里，只有父亲能自己教育自己时，才能产生孩子的自我教育。没有父亲的先锋榜样，一切

有关孩子进行自我教育的谈话都将变成空谈。"家长孝敬老人，孩子才可能孝敬你；自己面对挫折时充满自信，孩子才可能面对挫折不断追求。榜样的作用是无穷的，所以家长的人格力量也是一个重要的教育因素。

现如今，孩子的成长环境发生了巨大的变化。在新环境中长大的孩子，其观念、情感和行为层面上的发展与上一代有着很大的差异，这使父母在教育孩子方面产生了种种困惑，而首要的困惑就是不了解孩子心理的变化，这就会导致孩子对父母无法产生深刻的认同感。于是，在孩子的心目中，父母的威信越来越低，孩子的心理问题越来越多。要解决以上的困惑，首要的是要有一个沟通的平台。

3. 善于倾听、发现，是与孩子有效沟通的桥梁

成人都有这样的体会：碰到开心的事情，找几个朋友聚一聚，庆贺一下，会觉得更加快乐；不顺心时，找个知心朋友聊一聊，或许这位朋友并没有给我们提出有效的建议，只是静静地听，偶尔点点头，我们讲完了，心里也就舒坦了。这说明一个道理：人都有倾诉的需求。这个道理同样体现在家长与孩子之间。注意倾听孩子讲话，即使是自己不感兴趣的话题也要耐心听。相反，如果家长对孩子的倾诉心不在焉，孩子就会觉得跟你讲也是白讲，久而久之，孩子心灵的大门就可能对家长永远关闭了。

善于倾听，不但要努力听进去，而且还要思考，注意发现孩

子讲话中的闪光点或者孩子的困惑、烦恼。闪光点要及时肯定、强化；困惑和烦恼就要积极引导，并及时化解。

4. 学会欣赏、鼓励，是与孩子有效沟通的润滑剂

每个人都渴望成功，渴望得到别人的承认与肯定，没有哪个孩子愿意生活在一个充满否定的世界里。正如美国心理学家杰斯·雷尔所说："称赞对温暖人类的灵魂而言，就像阳光一样，没有它，我们就无法成长开花。"

与欣赏相反的是贬损。家长绝对不能对孩子说这样的话："你还不如某某家的孩子。"因为这将对孩子的自尊心造成极大的伤害。孩子会觉得："连我最亲近的父母都瞧不起我，我还有什么希望！"因此，父母想与孩子有效沟通，就得学会欣赏孩子、鼓励孩子。

5. 寻找共同语言，是与孩子有效沟通的催化剂

先看一对父女之间的对话。

父亲："孩子，爸爸觉得有时很不好理解你们这一代人。"
女儿："不好理解就不要理解，除非你和我们一样大。"

别小看这两句普通的对话，里面却蕴含着一个深刻的道理：父母要想理解孩子，在年龄距离无法改变的情况下，应该努力缩小两代人之间的心灵距离。途径之一就是与孩子共同学习、共同

活动，培养共同的兴趣爱好。如果把父母与孩子比作两个"集合"的话，就是要积极扩大两个"集合"的"交集"，这样两代人之间才会有更多的共同语言，沟通才会变得更加顺畅有效。

鉴于此，家长应提高对这一问题的认识，妥善安排自己的工作和生活，抽出更多的时间与孩子在一起：和孩子一起参加体育锻炼；陪孩子逛逛书店，帮助孩子挑选有益的书籍；和孩子一起欣赏经典影片或有益的电视节目；等等。要在共同的活动中找到共同的话题，进行讨论交流。

好孩子是肯定出来的

　　有些家长总是容易走极端路线，要不就把孩子捧上天，要不就将孩子摔下地。不是孩子样样都好，就是孩子做什么都不行。孩子本来自信满满地拿着语文书，说是能一字不错地把一篇课文读完。可你却在旁边冷冷一笑，说："就你？算了吧！"孩子的自信心一下子就消失了。也许，孩子会接着读下去，但是肯定会错误百出。之后，对于孩子的表现，你心想："看吧，我并没有说错，我就知道会这样。"孩子心想："原来真如爸爸说的，我不行！"于是，孩子就有了心理阴影。

　　其实，如果当初你没有说那句话，也许孩子真的可以一字不错地念完一篇课文。孩子就像一棵小树，父母想让他枝繁叶茂，但是，枝杈向左长，父母说他不行，向右长，父母还是说他不行。结果，小树不敢再抽枝。后来小树长成了大树，虽然高了，叶子也绿了，但是却明显不如在鼓励下长成的树那样朝气蓬勃。更可悲的是，自信心被不断打压，这棵小树，不敢见贤思齐，因为"就你？算了吧""你不行"这样的话语，已经在他的心里烙上了深深的印记。

女儿婷婷想去参加省里的儿童绘画比赛，但是爸爸却持反对意见。

女儿很不高兴，噘着嘴问："爸爸，我为什么不能参加？"

"你没学几天绘画，逞什么能？"爸爸不耐烦地说。

"可是老师说我画得很好，又有想象力。"女儿委屈地说。

恰好妈妈端着水果盘进来，听到了女儿的话，就接了过去，说："那是老师不好意思说你画得不好，你还真相信了？"妈妈数落着。

"可是，老师还说，我的画都可以参加国家的儿童绘画比赛呢。"女儿争辩着。

"就你？算了吧。孩子，你要看清现实，有多少小朋友比你厉害啊，你才学几天，怎么和人家比，听爸爸的，别去丢那人了。"爸爸头也不抬地说。

女儿迟疑了，喃喃地说："是这样吗？"

女儿的自信心被否定的声音打压下去了，从此，本来很喜欢画画的女儿却意外对其失去了兴趣。难道家长不应该反思吗？这只是一个例子，让我们细心地数一数，作为家长的你，把孩子的自信心打压过多少次？

情景一：

孩子："爸爸，明天的数学考试，我要争取考第一名！"

爸爸："就你？算了吧。能及格我就谢天谢地了。"

情景二：

孩子："爸爸，明天我想要参加班长的竞选。你看怎么样？"

爸爸："就你？算了吧。老师还能让你当班长管别人？你自己都不怎么样呢。"

情景三：

孩子："妈妈，我觉得我可以考上重本，你看我报××学校怎么样？"

妈妈："就你？算了吧！你考个二本，太阳就打西边出来了。"

家长不要总把"怀疑"挂在嘴边，就算你很清楚孩子的能力是真的不行，也不要打击他的自信心与积极性。要知道，人最大的心理障碍就是自己，如果因为你的一句简单的话，就让孩子完全否定了自己可以进步的可能，这对孩子有什么好处呢？家长要做的是鼓励，"你能行"的力量往往可以创造奇迹。

谈话时不要居高临下

在你的家里，和孩子谈话或讨论时，还是"你在说、孩子在听"的模式吗？如果你回答"是"，那么你就要有所改变了。交流不是训话，如果想顺利地知道孩子心里在想什么，下一步要做什么，家长就要以平等的思想，用温和的语气与孩子进行交谈。有些家长觉得自己的孩子像一头小犟驴，什么话都听不进去。那么，你是否意识到，在和孩子谈话时，你的表情随和吗？你的语调柔和吗？还有，你是真的在用心地和孩子谈话吗？在交谈的过程中，爸爸很容易表现得言不由衷，直到孩子怯生生地问："爸爸，你是在生气吗？"此时，爸爸才惊觉原来自己的脸色已经表现得如此明显。察言观色是孩子在很小的时候就拥有的一种技能，是训话、诱哄还是用心交谈，孩子总能准确分辨。所以，爸爸首先要端正自己的态度，应当尊重孩子，以平等的方式与孩子进行交流。

随着孩子慢慢长大，家长一定会遇到这样的问题，当你关心地询问孩子最近学校生活怎么样时，孩子总会回答"最近没什么特别的事发生"。你又兴趣不减地问孩子学习怎么样等，孩子总会不温不火地回答"还行"。久而久之，家长与孩子的交谈就会变得越来越少。那应该怎么办呢？

"儿子，爸爸能和你谈谈吗？"爸爸问。

"谈什么，你说吧。"儿子勉强应着。

于是，爸爸就主动把公司里和同事之间发生的事情讲给儿子听，并且表现出十分苦恼的样子，希望儿子能够帮忙想办法。起初，儿子十分不喜欢听，但是渐渐地却被爸爸的话所吸引了。儿子没有想到，爸爸居然能把大人的事情讲给他听，这让他觉得心里很舒坦。儿子不但听得很认真，还为爸爸提出了建议。

"谢谢儿子，爸爸明天就试试你的建议。"爸爸认真地说。

"爸爸，谁都有难事，你不要担心，都会过去的。"儿子说。

爸爸心里一喜，没想到平时看似冷漠的儿子，居然也会关心人，不如趁热打铁……

"听你这么说，难道我儿子也有闹心的事？"爸爸试探地问。

"当然有了……"儿子犹豫了一下，看了眼爸爸接着说，"唉，爸爸啊，我最近很心烦啊。"

"为什么？"

"不瞒你说，我们班有一个女生给我写了一封信，就是那种类似情书的东西。"儿子偷看了一眼爸爸，见爸爸的脸色没有变，壮起胆子接着说，"可是，被老师发现了。当众批评了她。爸爸，虽然我不喜欢她，可是她的信是写给我的。她因为老师的批评这几天情绪都很不好，我心里觉得很难过，不知道怎么做才是对的。爸爸，你能帮帮我吗？"儿子难过地说。

爸爸心里一惊，为意外的收获捏了一把汗，他想了想说："首先，我为自己的儿子感到骄傲。因为一个能够顾及别人感受的孩子才是真正的好孩子。爸爸认为你不妨这样做……"

"谢谢你，爸爸，我今天才觉得爸爸像是我的好朋友一样。"儿子乐了。

想一想，如果文中的爸爸知道"情书"事件之后暴跳如雷的话，恐怕以后就很难再让儿子对他敞开心扉了。家长总是希望向孩子灌输道理，虽然态度平和，但是内容包含强制性，再加上与孩子心理上的距离太远，所以往往失去效果。家长与孩子的交流没有"大人"与"孩子"的区别，只有朋友与朋友的尊重。相信用这种态度去面对你的孩子，你一定会交到一个最知心的"小朋友"。

平等地与孩子谈话

如果家长以平等的、像与朋友谈话的口气来与孩子交谈，而不是对他们训话，多数情况下家长都能顺利地与自己的孩子交流思想。

常有一些家长在家教咨询中询问："为什么我无法和孩子沟通呢？""孩子怎么越来越气人呢？""为什么孩子上了中学后，我说啥他都听不进去了呢？"

语言，是连接家长与孩子情感的纽带和桥梁，是家长控制和调整孩子行为的媒介。难怪一些父母苦恼、焦急，试想父母的话如果不再被孩子所接受，我们又怎么来教育他们呢？又何以履行父母的职责呢？

伴随着孩子的成长，父母与孩子之间谈话的内容及交流方式，都在发生变化，从中可以看到两代人之间心理距离的变化。

中国的父母一般很少向孩子表露自己的内心世界，只习惯于一本正经的训导，但反过来却要求孩子向自己袒露一切。这种不平等的要求，当然不可能取得好的效果。

你有没有注意到自己在同孩子交谈时所用的语调？孩子有时

会问："您是不是生气了？"你绷着脸说："没有。"然而你脸上的表情和语调却表现出你在生气。孩子是非常敏感的，他们能很快地分辨出你在讲话中所要传达的真正意思和态度。而成年人却往往并不敏感，没有意识到自己在同孩子讲话时运用了不同的语调，更没有考虑这种语调对孩子的行为所产生的影响。

作为家长应当尊重孩子，与他们平等交流而不是训导。不能以教训的口气，更不能以哄人的口气、引诱的口气来赢得他们的"合作"。

家长总是希望能利用一切机会向孩子灌输道理，有时态度可以说是友好的，但因为灌输的内容与孩子的思想有差距，孩子并没有听进去。

与孩子的交流应从幼年开始。如果在孩子还小的时候，家长就有意识地培养与孩子的一种和谐的交流关系，这种交流的大门是一定会敞开的。平等交流取决于家长是不是尊重自己的孩子，特别是在意见不统一的时候。孩子有自己的思想，如果从小由于某些原因没有和父母在一起相处，或者没有那种经常交流的习惯，那么今后这扇大门有可能会永远关闭。

医学研究表明，人的聪明程度，主要取决于大脑神经网络的发育程度。人出生后，来自家庭环境的物品、气味、声音以及最为重要的语言交流，对大脑的发育起着至关重要的作用。有一个实验，对不同家庭文化背景的孩子，从出生至两岁半，每月用一个小时记录孩子听到的词汇及同父母的交流，结果显示，单位时间内听到词汇最多的孩子得分最高。

由此可见，家长不仅要对孩子的生活精心呵护，更要营造良好的家庭语言交流环境。孩子在这里，虽不能全部理解那丰富多彩的语言含义，但大脑的神经细胞却发育强大起来了。家长与孩子能否沟通取决于家长的态度。有些家长往往不能以平等的方式与孩子相处，动辄教训，造成孩子有畏惧感。家长在与孩子交谈之初，可以问一些与双方都无关系的中性问题，使孩子感到轻松而乐意参与，切忌问一些抽象、难以理解的问题，或对孩子来说敏感而不愿立刻面对的问题，使孩子在谈话的开始就感到紧张和焦虑，从而产生对立情绪。这不仅影响谈话质量，而且还会使孩子以后也不乐意与你讨论问题。

家长要做孩子最佳的交流伙伴。因为口语交际是双方听与说的互动过程，可以说双向互动性是口语交流的一个重要特征。所以，作为家长，在倾听孩子的同时，更要参与交流，从而和孩子形成听与说的互动。

为什么要强调和孩子平等交流呢？因为不平等的交流会让孩子畏缩，让孩子自卑，让孩子逆反，让孩子孤独……因为你面对的是一颗稚嫩而天真的心灵，是一片需要用心开发和播种的土地，稍有偏差，不仅会影响孩子的语言表达能力，而且会给孩子的心理健康造成伤害。

结合孩子的心理特点，以及多年来和孩子交流的体会，现总结出几点和孩子交流时需注意的事项。

1. 蹲下来和孩子说话

如果身高 1.60 米的人和一个 1.85 米的人交流，会有什么感受？很多人的回答是一致的：有压迫感。那么身高 1.70 米的爸爸和一个身高 1 米多一点的孩子交流又会怎样呢？

所以，我们要把自己也变成一个孩子，和宝宝一样大的孩子，走进他的内心世界，蹲下来用一颗孩子般的心和他进行交流。处在发展时期的孩子是很不成熟的，受到认识水平、心理水平的局限，他们会有许多幼稚的想法，甚至会做出在成人眼里可笑或者错误的行为，但这并不表明孩子就没有对生活认真地进行探索。在孩子自己的内心世界中，有着与成人同样深刻、真切，而常常又是属于他们自己的欢喜和痛苦，同时还会比成人更多一点无奈和恐惧。因此，父母要"蹲下身来"，用心去体会孩子在某一情境中会怎样思考、行事，更要多一些宽容和体谅。

这样，成人便能更多地理解孩子各种行为背后的真正原因，与孩子沟通起来才会多一些共同语言。这样，当孩子说出在成人看来很幼稚可笑的话时，你才不会嘲笑他、讥讽他，也不会轻易击碎孩子一些奇异的想法，更不会用长辈的尊严来压制孩子表达的欲望，伤害孩子的自尊心。

2. 要坚持每天和孩子交流

不要说自己很忙，不要说自己心情不好，不要说孩子有人陪着不需要自己，因为任何人都代替不了你。每天哪怕拿出 10 分钟的时间和孩子说说话，对于孩子来说，收获就已经很大了。

3. 和孩子说话要注意语言表述

要多用鼓励性和积极性的语言，避免命令式的、禁止性的和讥讽性的语言。很多时候我们忽视了对孩子说话的语气和方式，很自然地以家长的身份和口吻对孩子说话，言谈间充满了命令和权威，比如把"不准""不要"挂在嘴边，或者很生硬地对孩子说"你应该……"这样的沟通会让孩子心里觉得不舒服。时间久了，孩子会对与家长交流产生抗拒心理，从而产生代沟，以后想要和孩子融洽地沟通就会越来越难。

在和孩子交流的过程中，尽量不要自顾自地说，要注意孩子的反应和态度，还要调动孩子表达的欲望。只顾自己滔滔不绝、高谈阔论，孩子没有插话的机会，一来孩子的语言表达能力得不到锻炼，二来孩子会产生厌倦心理。

4. 要给孩子和自己平等争论的权利

随着孩子的成长，越来越需要家长能同他们平等对话。家长要尊重孩子的这一需求，用平等的态度、商讨的语气同孩子交谈。在家中可多给孩子一些"参政议政"的权利和机会，听听他们的意见。平等的交往方式，还有助于培养孩子的家庭责任感。

父母和子女在人格上是平等的，孩子不是我们的附属品，而是独立的个体。况且，父母不可能什么都正确，孩子的想法和观点也有值得我们借鉴的地方。所以，不要把自己的想法和观念强加给孩子，当和孩子的想法有分歧时，可以通过平等争论的方式来消除分歧。即便孩子的想法是错误的，也要用商量的口吻、温和的态度来引导和教育孩子，而不可居高临下、生硬训斥。

5. 用发展的眼光看孩子

要看到孩子的成长和发展，即便有些孩子眼下的表现可能不尽如人意，但家长要能接受孩子的现状，应对孩子的未来充满信心；要用平和的心态与孩子进行沟通和交流，要提高每次谈话的质量，多给孩子提供有益且可操作的建议，允许他们做出自己的选择；要肯定孩子的点滴进步，并不断给予他们积极又恰当的期待。

每个人都渴望被爱，渴望被人关心，被人信任，孩子更是如此。他渴望生活在一个温暖、幸福的家庭里，渴望拥有理解他、信任他、爱他、像朋友一般的父母。想让孩子感受到父爱母爱，不仅要靠有声、有形的语言和动作，更要靠来自无声的心灵交流。大人的眼睛是孩子的一面镜子，孩子通过这面镜子来决定自己的行动，决定是否与家长沟通和交流。家长应充分利用这面镜子，让孩子既看到鼓励、关注和爱心，同时也要让他看到批评、指导和教育。

父母若能以一种温和、平等的方式与孩子进行眼神接触，再用适当的语言，便可以将爱与教育完美地结合在一起，让孩子逐渐变得快乐、自信，进而健康地成长。

沟通有技巧

爸爸在教育孩子的时候要讲究语言艺术，特别是当孩子犯错的时候，千万不要简单粗暴地批评孩子或者打骂孩子，否则只会让孩子离你的期望越来越远。

孩子，爸爸觉得你们这一代人有时很不好理解。

不好理解就不要理解，除非你和我们一样大。

一个深刻的道理：爸爸要想理解孩子，在年龄距离无法改变的情况下，应该努力缩小两代人之间的心灵距离。

在你的家里，爸爸在和孩子谈话或讨论时，还只是"爸爸在说、孩子在听"的模式吗？如果你回答"是"，你就要有所改变了。

高情商家教思维

1. 您什么时候发现孩子开始"不听话"了？

_____

_____

2. 怎样和孩子沟通，既能达到效果又能让孩子觉得家长不唠叨？

_____

_____

3. 家长与孩子沟通时，怎样才能找到共同语言？

_____

_____

4. 仔细回想一下，您与孩子交流时，有没有失去过信心？您当时
   的表现是什么样子的？

_____

_____

5. 回想一下，您曾经与孩子能够畅快交流的是哪一件事情？你们
   当时的心情怎样？

_____

_____

_____

6. 试着总结一下您与孩子沟通的经验。作为家长，您还有哪些待
   提升之处？

_____

_____

_____

第二章

尊重孩子，孩子才会接纳你的规矩

指导孩子最重要

当孩子做了错事时，首要的不是批评或教训孩子，而是应该先处理事情。然而，在许多家庭中，家长很难做到这点。一旦孩子说错了什么或是做错了什么，家长立刻摆出一副严厉的样子对孩子指手画脚，同时带着无礼甚至是侮辱性的批评语言，结果不但没有让孩子心服口服地接受批评，反而会引起孩子的反感。

吃早餐的时候，七岁的罗文在玩一个空杯子，正在餐厅看报纸的爸爸对罗文说："你会打碎它的，不要玩了，不知道你打碎了多少东西了。"

罗文自信地说："放心吧，这次不会打碎的，我保证。"罗文刚说完，杯子就从手掌间滑落在地，摔碎了。

父亲生气地说："哦，我的天啊，你怎么又把杯子摔碎了，屋里的东西快要被你摔光了。"

罗文笑嘻嘻地说："你太夸张了，而且我记得你曾经也打碎了妈妈最好的盘子。"

父亲一听这话，气得从座位上跳起来："你在说什么？犯了错还这种态度，你太不像话了。"

罗文看着父亲生气的样子，跑出了家门。

或许，这件事情让罗文得到了教训，他以后再也不玩杯子了。但是父亲也应该吸取教训，应该用柔和的语气指导孩子处理玻璃碎片，而不应该一味地指责和批评。

其实，在孩子玩杯子的时候，父亲完全可以提醒儿子"小心摔了杯子，割伤了手"，然后对儿子说："玩皮球是个不错的选择。"或者当杯子打碎时，父亲可以帮助儿子处理玻璃碎片，顺带说"杯子很容易打碎，以后注意点"。这种和气的话可能让罗文为自己的过错感到惭愧，继而会因为自己闯了祸而产生歉意。在没有斥责的情况下，他甚至可能会在心里思考，并自己得出结论：杯子不是用来玩的。

当孩子犯错误时，家长一味批评对孩子是没有益处的，那只会导致怨恨和反感。而更糟的是，如果孩子经常受到批评，他就会谴责自己和别人，还会怀疑自己、轻视别人的价值，进而导致人格缺陷。所以，家长应该给孩子更多的指导而不是批评。

1. 孩子犯错之后，首先指导孩子正确处理问题

当孩子不小心碰翻了果汁、打破了杯子时，家长首先要做的不是批评孩子的错误，而是指导孩子怎样处理错误导致的问题——告诉孩子应该如何清理破碎的玻璃杯，如何把地板拖干净。

如果家长能克制愤怒的情绪，给孩子提供建设性的意见，孩

子也会抓住机会，认真地打扫收拾，并为自己的过错深感惭愧。父母没有批评他，而是指导他怎么做，这在孩子看来是父母给他改错的机会，孩子会倍加珍惜。

2.杜绝辱骂，否则会伤害孩子

无论孩子犯了怎样的错，你都不能辱骂孩子。如果你经常在孩子犯错后辱骂孩子，孩子可能就会朝你所骂的方向发展。假如你骂孩子是个坏孩子，他很可能就会慢慢变成真正的坏孩子；假如你骂孩子是个笨蛋，孩子也很可能真的会变成笨蛋。所以，如果你想让孩子在犯错之后改过自新，就要杜绝辱骂孩子。你只需实事求是地指出孩子的错误，然后告诉孩子怎么做就可以了。

3.了解孩子犯错的原因

孩子犯错了，很多家长可能并不清楚其中的原因。这时就需要和孩子进行沟通交流，让孩子告诉你他是怎样犯错的，这有利于你针对孩子的错误提供指导性的意见，最终帮助孩子改正错误。你可以对孩子说："现在没有必要惩罚你，而要先搞清楚你是怎么犯错的，这样你才不会犯相同的错误。"让孩子明白，你并没有惩罚他的意思，他才可能放下心理包袱，和你进行交流。

呵护孩子，孩子才会接纳你

孩子越小，心灵越不设防，越容易受到伤害。所以，我们就更需要小心呵护。

许多家长对待孩子，犹如一副对联所言："说你行你就行不行也得行；说你不行就不行行也不行。"于是就有了："妈妈说了不准就是不准！""爸爸叫你怎样你就怎样！"

孩子一遇到这种情况就不敢再有自己的主意了。当然家长不允许孩子做的事，大都是有道理的，但是家长用粗暴的、蛮横的语言和态度只会伤害孩子的自尊心。家长若能从小保护孩子的自尊心，那将使孩子一生受益无穷。一个有自尊心的人会尊重别人，也会爱护自己；一个自尊自爱的人会对社会有益。

有很多家长都这样认为，孩子什么也不懂，怎么讲道理也是白搭，不如命令干脆、明确。也许孩子在三岁以前的确很难明白事理，但是家长完全可以通过相应的表情、手势、语气和语调，使孩子从父母的表情中察觉到怎么做是对的，怎么做是不对的。三岁以后的孩子就开始明白是非了，到时只需把道理讲清楚即可。

也有些家长认为小孩子的心思简单，即使被批评了，就像跟小朋友打架似的，过一会儿就都忘了。其实不然，孩子的心思既敏感又脆弱，极易受到伤害，他很清楚内外之别。小朋友之间一般不会计较，但对父母的言行举止却很在意。假若父母不尊重孩子，动辄恶语指责，而不说明道理，或者明知自己无理，也决不向孩子低头道歉，反而执意要孩子按自己的想法去做。重压之下的孩子口服心不服，长此以往，孩子会产生强烈的逆反心理，你说什么他都不爱听，不愿做，脾气倔强；或者会变得畏畏缩缩，凡事没有主见，唯父母马首是瞻，这样的孩子没有个性，没有前途。

不同的孩子是有差异的，有的孩子长得漂亮，有的孩子长得丑；有的孩子高，有的孩子矮；有的孩子灵活，有的孩子迟钝；等等。让我们每个人对自身的一切都能如愿实在很困难，更何况孩子呢？孩子很容易感受到外界给他的评价，所以家长的育儿工作之一便是维护孩子的自尊。

维护孩子的自尊，要从细微处下功夫，尤其是在公共场合，更要细心呵护，因为孩子的心灵是非常脆弱而敏感的，若把他看成不懂事的孩子任意去批评、指责，刺伤他的自尊心，孩子就容易产生自卑、紧张，甚至憎恨、敌对的情绪。家长要多关心孩子内心的冷暖，多给他一些微笑和关怀的眼神，多给他一些理解和支持，多用肢体语言（如摸摸头、拍拍肩等）关心他们。多给孩子留面子，不要当着别人的面训斥、指责孩子，不要当着别人的面唠叨孩子曾经说过的话和做过的事，使他感到难堪。让孩子失去自尊很容易，但重建自尊却是一个缓慢而困难的过程。

一天，九岁的娜娜突然有了写诗的雅兴。从来没有写过诗，更不知道如何写诗的她，在晚饭后顾不上看自己喜欢的动画片，便趴在桌子上冥思苦想后写下了人生第一首诗《太阳》：

"太阳，如果一旦失去你

就没有天上飞的鸟，地上跑的兽

太阳，你和所有生物的生命都密切相关

如果失去了你，花儿枯萎，鸟儿遭殃，人类也无法生存

太阳，你为人类做出了贡献，人类永远也忘不了你"

她兴致勃勃地把这首毫无章法的诗拿给爸爸看，爸爸没有像有的家长那样随便夸几句敷衍了事，而是大声朗读了一遍，然后大声称赞她："我的女儿第一次写诗就写得这么好，真棒，相信你以后一定会写出更好的诗来！"

第二天，爸爸把这首诗一字未改地贴到了为娜娜制作的网页上，让登录她网页的人都能看到娜娜的第一首诗。爸爸还对娜娜说："这是你真实的成长记录，谁也不是天生就会写诗，那些大诗人生平的第一首诗，说不定还赶不上你写的呢。"

娜娜听了很开心："呵呵，爸爸喜欢我写的诗，我的诗都可以贴到网上展览了……"

后来，娜娜陆续又写了好几首诗，每次爸爸都要加以评价，当然表扬得多，赞赏得多，纠正、引导的工作尽量做到"无痕"。

娜娜说，每当自己完成一篇作文，得到爸爸的赞赏，心里总

是美滋滋的，会觉得写作文真是一件快乐、开心又轻松的事情，自己真的很棒！

假想一下，如果娜娜把她写的第一首诗递给爸爸的时候，爸爸皱着眉头说："这是什么破诗啊，这也叫诗，不会写就别瞎写！"这样下去即使孩子有兴趣再写第二首诗，她也绝对不会再给爸爸欣赏了。

赞赏就如肥料，撒在孩子的心田里，孩子的自尊心和自信心才得以茁壮成长。

1. 不要捉弄孩子

"小宝贝，你身上太臭了，赶快去洗澡吧！"也许家长开这样的玩笑只是希望孩子感到羞愧，以求他改进。但是，孩子很容易信以为真，使他自身感觉不好意思，甚至认为自己是一个"臭"孩子，由此心生自卑。

2. 重视与孩子相处时的礼貌

命令、怒骂、责怪式的家庭语言，会使孩子感到父母对他的轻视，故而没有自我观念。如果家长常跟孩子保持应有的礼貌交流，使用"请""对不起""谢谢""不客气"等礼貌用语，孩子便能感受到家长对他的尊重。

3. 允许孩子失败

在孩子的成长过程中，可能会经历无数次失败，家长要允许孩子失败，并且给予安慰和鼓励。家长在孩子失败时需要给予其心灵上的支持与爱护，让孩子真正体会到家长对他的理解和信任。

4. 强调孩子的优点比批评缺点更有效

孩子哪怕只有微小的优点，家长也要及时肯定和鼓励。"爸爸，明天我得早点去学校，因为明天是我们小组值日。""好的，爸爸一定提前送你到学校。"

对孩子好的表现要及时给予肯定；对孩子的错误，应尽量施以正面的引导，避免否定、嘲弄的言语或表情，要让孩子知道他在你心里是个好孩子。

5. 勇于向孩子承认错误

人都会犯错或有不足的方面，如果家长犯了错，也要及时向孩子表达歉意。比如："小刚，爸爸真对不起你，我没能买到你考试用的圆珠笔，你还是用你手边的那支吧！""小玫，爸爸来晚了，你在学校等急了吧？以后我一定按时来接你。"

让孩子知道父母也是人，也会犯错误。孩子最讨厌成年人的虚伪，老老实实向孩子说一句"对不起，我错了，请原谅"，孩子会从中得到教益——学会认真做人，也学会宽恕别人。

讲规矩也是有方式的

有人说，在教育孩子的过程中，表扬要占三分之二左右，批评占三分之一左右。可见，在孩子成长的过程中，批评是不可缺少的，表扬虽然能够起到激励的作用，但一味地表扬也不利于孩子的健康成长。

当然，批评和表扬相比，大多数的家长更倾向于前者，尤其是爸爸。然而，批评的结果却并不是总能令人满意。我们先来看看下面这位爸爸是怎么做的。

一天下午，全校老师开会，所以学校决定提前放学，这可乐坏了小杰。小杰叫来几个同学到家里玩。小杰拿出象棋与同学比试高低。正当他们玩得高兴时，小杰的爸爸回来了。爸爸虽然没说什么，但一脸阴云，小杰赶快草草地结束了"战斗"，同学也知趣地走了。

爸爸送走了小杰的同学后，对小杰大声说："我和你说过多少遍了。你马上就要中考了，不要再找同学下棋了，你怎么就是不听!"

小杰解释道:"今天考了一上午,感觉很累,想休息一下,就和同学下了几盘棋。"

"别找理由了,我看你就是爱下棋,不爱学习。"爸爸越说越生气。

"下棋又怎么了?"小杰也急了。

"中考考下象棋吗?上大学考下象棋吗?"

"不考就不能玩一玩吗?"小杰理直气壮地反问了一句。

"不行,你现在的任务就是学习,别的什么都不行。"

"我也不能一天到晚总是学习呀,我下象棋也不是什么不良的嗜好。"

爸爸听到这里似乎没了词,便突然厉声说道:"你现在越来越不像话了,说你一句你有十句在那儿等着,我是你爸,我说话你听着就是了,哪来那么多废话?"

这样的事情在许多家庭都发生过,甚至已成为家常便饭。于是,孩子抱怨:"家长一点也不理解我们,和他们没法沟通。"家长的日子也不好过,他们也会有这样的抱怨:"孩子学会顶嘴了,你批评他,他不听;你教育他,他跟你顶嘴。你说一句他有十句等着你,想说服孩子还真难。"

下面我们先来分析一下孩子顶嘴的原因。

(1)借机发泄。孩子也有烦心的时候,如果这时恰逢遭到父母的批评、指责,他就会把自己心中的怨气、怒气一齐抛向父母。一般情况下,这种顶嘴是一种情绪的宣泄,雷阵雨似的,一会儿就过去了。

(2) 解释。有时候，父母批评孩子往往只从自己的角度出发，而没有考虑到孩子的感受。于是，孩子认为父母的批评是片面的，指责是错误的，他要为自己的行为讲明理由，以证明自己是对的。

(3) 无理辩三分。这种孩子很倔犟，往往是明知自己错了，就是不愿承认错误，没理由硬找理由，非要说出些歪理来为自己的不良行为诡辩。

上面是孩子的原因，下面我们再来看看家长的原因。

(1) 对立型父母。孩子与父母本身就存在着对立情绪，如果这时家长态度生硬、要求苛刻，孩子就更难以接受，对立情绪会加深。

(2) 威胁型父母。在批评教育中，有些父母图省事，既不调查，也不了解，靠威胁、恐吓来解决问题。

(3) 辱骂型父母。有的父母在感情冲动、对孩子的行为又无计可施时，常常出言不逊，伤害孩子。

(4) 体罚型父母。有的父母为显示自己的威严，动不动就体罚孩子。

(5) 冷落型父母。有时孩子犯的错误并不大，但是父母为了让孩子更加深刻地忏悔自己的过失，孩子即使已经承认了错误，父母还是冷若冰霜地对他。

针对家庭教育中存在的上述问题，在与孩子沟通的过程中，家长应该如何正确批评教育孩子呢？下面有几点建议，可供家长参考。

1. 批评时不要带着强烈的感情色彩

孩子淘气，家长不要动不动就大发雷霆，很多时候孩子都不知道为什么受到批评，可见这种冲动的批评是不可取的。不要忘记，批评不是目的，目的是让孩子知错改错。批评和发火是两码事。

2. 批评要及时

对于幼小的孩子来说，犯错后不及时批评，就不会有良好的教育效果。如果早上发生的事情等到晚上再去批评，孩子早就把它忘在脑后了。所以，孩子做错了事情，就应该让他及时知道，并加以改正。

3. 批评时，全家人意见要统一，态度要一致

孩子撒野、淘气，如果家里的人有的批评，有的放任不管，有的甚至埋怨不该批评孩子，这样是不可能教育好孩子的。但是，在批评孩子时如果大家七嘴八舌一块儿训，那效果也不好。要由一个人做代表，其他的人可以采取赞同的态度。

4. 即使是批评也应该先认可孩子好的方面

不要一上来就不分青红皂白地猛训一通，可以先表扬一下孩子好的一面，然后再批评他做错的地方。

5. 管教孩子要采取始终如一的态度

同样是孩子淘气，由于客人在场，或者是身体劳累，事情太

忙等原因，时而批评，时而不管，那是管教不好孩子的。不要制造例外，始终如一的态度是很重要的。

6. 批评不要带着厌恶的情绪，应该带着怜爱

不要带着厌恶的情绪来批评孩子。只有以疼爱的心情和诚意同孩子接触，和孩子进行亲密的交流，批评才会收到好的效果，给孩子的人格以好的影响。即使训过了头，也会取得孩子的谅解。

7. 批评孩子时不要动手

教育两三岁的孩子，可以象征性地进行一些惩罚，例如罚站。但是，孩子到了五六岁时，批评应耐心地指出这样做为什么不好，错误有多严重，而不是动手打孩子，因为打孩子并不能从根本上解决问题。

8. 批评要适可而止，不要无休无止

如果批评起来没完没了，有时孩子就会搞不清楚他为什么被批评了，甚至还可能会产生逆反心理。如此一来，家长的批评非但没起到任何作用，还可能适得其反，得不偿失。

尊重孩子，允许孩子解释

在现实生活中，这种情况经常发生，当孩子犯了一个小错时，家长总是单凭自己的主观臆断，就对孩子的行为做出一些不中肯的评价和指责，当孩子想要申辩和解释的时候，家长通常会更加生气，认为孩子是在狡辩。在这种情况下，家长对孩子说得最多的也是"不用解释"！

赵先生的儿子很懂事，自从姥姥来到他家以后，他怕姥姥觉得闷，就每天带姥姥出去散步，还用自己的零花钱给姥姥买鲜花，把姥姥高兴坏了。姥姥乐呵呵地说："我活了60多岁了，还是头一次收到别人送的花呢！"

有一天，赵先生下班回家，一进门就听到房间里有"嘎嘎嘎"的叫声，一看，原来是几只活蹦乱跳的小鸭子正在房间里乱窜。看到家里乱七八糟的样子，加上上班的劳累，赵先生顿时心烦意乱，张口就训斥孩子："马上就要期末考试了，玩这些干吗？看你把家弄成什么样子了！"

孩子张嘴正要向他解释，他却不由分说地呵斥道："住口！给我把这些东西都扔出去！我不想听你说什么，你也不用解释！"说完就要去抓那几只小鸭子。这时，孩子的眼泪哗哗地流了出来，委屈地看了爸爸几眼，然后转身回到自己的房间，重重地关上了门。

赵先生一看更气了，刚想追过去再教训儿子，这时孩子的姥姥拦住了他："你就别骂孩子了，这是孩子给我买的，他说怕我在家寂寞，就买了几只小鸭子来陪我。孩子这都是出于一片好心，你要真觉得不喜欢，可以好好和孩子说，把这些小东西送给别人就得了，干吗骂孩子呢？"

赵先生知道原委后很后悔，但是对孩子的伤害已经造成。

如果孩子经常被喝令"住口"，渐渐地就会放弃为自己辩解的权利，而他们背负的委屈也会越来越多。总是这样一个人默默承受，背负着沉重的思想负担，就有可能造成严重的心理问题。

因此，当孩子犯错时，家长一定要冷静地对待孩子的过错，一件看似非常简单的事情，它的背后却往往没那么简单。也许孩子做错事的初衷是好的，也许孩子做错的事的确情有可原。所以，应当尽可能给孩子申辩的机会，以便了解事情的真相，只有这样，孩子才能心悦诚服地接受我们的教育。

1. 给孩子辩解的权利

所谓"真理面前，人人平等"，家长没有理由堵住孩子的嘴巴，不给孩子辩解的机会。既然孩子要辩解，说明孩子对家长的话有不认同的地方，让孩子把想说的话说出来，家长才能了解事实的真相。否则，轻易给孩子下结论，只会误解孩子，使孩子受委屈。

给孩子辩解的权利，是尊重孩子的最基本的表现。家长应该明白，辩解并非强词夺理，而是让孩子把事情讲清楚，讲明白。给孩子辩解的权利，孩子才会更加理解你所讲的道理，使教育收到良好的效果。

2. 若是在公共场合，要给孩子"台阶"下

多数孩子都很爱面子，如果在公共场合，家长当着其他孩子的面批评、责罚孩子，会让孩子觉得很没面子，这样孩子就容易产生对立情绪，即使他知道错了，也会"宁死不屈"、强词夺理，甚至与家长对着干。所以，在公共场合教育孩子，家长要讲究艺术，注意给孩子"台阶"下。

3. 坚信"没有调查就没有发言权"

没有经过调查就乱扣帽子，是许多家长经常犯的错误，他们想当然地认为、主观臆断，使孩子经常被误解。当孩子准备辩解时，又被他们打压，结果孩子就觉得非常委屈。家长应该坚持"没有调查就没有发言权"的思想，在没有了解事实真相之前，不要轻易对孩子下结论。如果想了解事实真相，就必须充分了解当事者——孩子的意见，这就需要给孩子解释的机会。

做孩子的游戏伙伴

在很多人的观念中，爸爸爱孩子就是为孩子多赚钱，给孩子买好东西。一个大男人如果整天婆婆妈妈地陪孩子玩，参与孩子的生活和活动就觉得不像是男人应该做的事。因此，学校里的家长会、各种活动，大多见到的都是母亲的身影。

领着孩子逛公园或在休闲广场做运动的是妈妈，接送孩子去参加各种培训班的，也多为妈妈。爸爸只顾忙自己的事情，仿佛教育孩子、陪伴孩子理应就是母亲的责任。

就连一些教育著述也不自觉地忽视"父亲"在陪伴孩子中的作用。在谈到父母责任的时候，大多是笼而统之、不加分析地把"父""母"捆在一起来谈。仿佛在孩子的生活中，爸爸除了提供经济基础外，就别无他用了。

其实，在孩子的生活和活动中是不能缺少父亲的，父亲应该积极参与孩子的活动，无论是家庭活动还是社会活动。

爸爸做孩子的游戏伙伴，不仅可以满足孩子情感上的需求，而且在和孩子玩耍的过程中能够更好地促进孩子的心理发展。同时，能够及时发现孩子的兴趣和潜能，从而在共同玩耍中有针对性地加以引导。爸爸参与孩子的活动，可以了解孩子的兴趣和特长。如果你希望孩子学会持之以恒的品质，掌握其他相关的技能，你就要用自己的兴趣及独特的指导，为孩子树立榜样。比如，如果你正帮助年幼的孩子学习一项魔术戏法，你自己首先应该掌握，然后才能教会孩子，进而鼓励他练习戏法和表演。如果孩子年龄稍大一些，那么你就应该带他去图书馆，一起阅读关于魔术的书籍。

爸爸在参与孩子的活动过程中，要不断地赞扬和鼓励孩子，以增强他的耐心和耐力。在他厌烦或灰心丧气时，你可以建议他休息几分钟，但其后要立即投入活动。不要因为自己不感兴趣或疲劳就泄孩子的气，要他们"今天就这样吧"，或者让他们干些别的有兴趣的事。要做到这一点很难，但请记住，孩子天性顽强，有弹性，在他们沮丧泄气之时，你纵容他们，就等于忽略了这些天生的优点。你要调整策略，在参与程度上要有所变化，尤其在孩子注意力不持久、缺乏动力的时候。

在美国，父亲常常参与孩子的活动。"如果你答应当孩子球队的教练，你就必须花时间跟孩子在一起。"这是住在美国加州的一位父亲杰佛瑞陪4个孩子（从3岁到15岁）的方法，他已经当棒球教练8年了。

"如果你不能当教练，那么就加入啦啦队吧。"麦斯是一位律师，他说他希望在小麦斯的成长过程中陪着他，可是麦斯实在对运动一窍不通。"我没办法当教练，但是我出席了每一场孩子的比赛，替他加油打气。"麦斯说他和他的太太从很早就决定，参加孩子学校的每一项活动。

科学研究和社会实践都表明，父亲参与了孩子的活动，和孩子一起玩耍，非常有利于孩子成长。

1. 多与孩子接触

人是一种情感丰富的高级动物，尤其对于孩子来说，更需要来自父母的情感呵护和温暖。现在的孩子大多是独生子女，本就孤独，光有母亲的陪伴是不够的，他们也希望父亲参与到他们的活动中。如果父亲以各种借口不陪孩子玩，不参与孩子的活动，那孩子就更孤独了。

爸爸可以影响孩子的体格发育。因为孩子在幼儿期，爸爸大多喜欢用身体运动的方式来逗孩子玩，比如骑大马、顶牛等，这些运动方式会给孩子以强烈的大幅度身体活动刺激，从而促进孩子身体发育；而进入学龄段，爸爸要更多地带孩子进行户外活动，比如打球、爬山、去游乐园游玩、到自然中游览等，这些当然会使孩子的身体得到很好的锻炼。

2. 父爱是孩子个性品质形成的重要源泉

男人的独立、自信、宽容、坚强、果敢等个性特征，在和孩子接触的过程中，都在潜移默化地影响着孩子，从而使孩子也具备这些品质。而这些个性特征是要通过具体事情来展现的，参加孩子的活动就是最好的展现机会。

这里顺便提一下，让孩子做体育运动时，一定要注意安全，保护好孩子，安全永远是第一位的。

3. 和爸爸相处时间多的孩子社会交往能力比较强

因为爸爸的豁达让孩子学会了宽以待人；爸爸的自信让孩子

充满热情，并懂得悦纳自己。

4.多和爸爸相处能够促进孩子智力的发育

科学研究证实：爸爸较多地与孩子交往，能提高孩子的认知技能、成就动机和对自己能力、操作的自信心。常与爸爸相处的孩子，可以从爸爸那里获取更多的知识、经验、想象力和创造力，有利于激发孩子的求知欲、好奇心、自信心。而且，爸爸还是孩子闲暇时的游戏伙伴、心里烦闷时的调节者，这也有利于孩子智力的发育。

5.爸爸参与孩子的活动，有利于孩子性别角色的发展和完善

家庭是孩子自幼学习角色观念、形成角色意识、模仿角色行为的重要场所，子女最初是在家里模仿父母，进而模仿其他男人和女人的行为，从而形成自己的性别意识。如果"父亲"角色缺失，那么男孩子会缺乏角色认同感和男性特征，变得软弱、缺乏独立性和自主性及目标的持久性，形成男孩女性化倾向，适应环境的应变能力差，不能适应男性的独立生活；女孩子也会过于柔弱，并因为对男性的陌生感，而在成年后在与男性交往时，出现焦虑、羞怯和无所适从等表现。

爸爸的存在和父爱，是孩子心理发展、个性发展的源泉，对子女的性别角色规范、生活方式、价值观的形成具有重要影响。所以说，"爸爸"是孩子成长中不可替代的角色。

多参加孩子的活动，就像农民播种一样，春种一粒粟，秋收万颗子。

陪孩子去玩耍也要有规矩

孩子天生就爱冒险，他们对这个世界充满未知，充满好奇，于是很自然地有了探索、冒险的行动；既然是冒险，那么就可能存在危险性。所以，如果家长有时间，就要尽量和孩子一起去冒险，一方面，可以起到保护孩子的作用；另一方面，孩子有了你的陪伴也会玩得更尽兴，更欢快。

魏韬和几个同学约好了星期天去儿童游乐园玩。正好爸爸那天有空，于是充当了一回孩子王。

来到游乐园，里面人山人海，工作人员拿着小喇叭，维持秩序。最受孩子们欢迎的是冒险的游戏。爸爸准备带着孩子们玩一个名叫"天地双雄"的游戏，通过急速上升和下降，来体验天堑路途的惊险刺激。

游戏开始了，孩子们跃跃欲试，爸爸却有点害怕，工作人员告诉他："玩这类惊险的游戏时，大声尖叫可以缓解紧张及害怕的情绪。"当系好安全带的一刹那，平时连说话都不敢大声的爸爸，尖叫声几乎压过了所有人，安全着陆之后，一旁的孩子们对魏韬的爸爸竖起了大拇指："叔叔，你真棒。"

和孩子一起去冒险，对家长来说也是一种心情调节，因为平日里家长都早出晚归，忙于工作，根本没有时间玩这种惊险刺激的游戏，更没有机会全身心地投入到游戏中。更重要的是，有家长的陪同，孩子的勇气和胆量都会增加，孩子会觉得非常快乐和幸福。

但是很多家长并没有认识到冒险活动对孩子成长的重要性，当孩子在探索一些陌生的事物时，特别是接触一些看上去有些危险的事情时，家长常常面带恐惧地告诉孩子："那里不能去，太危险了；这个地方不能待，不安全……"这样下去，只会使孩子没有勇气去尝试新事物——孩子的冒险精神被吓跑了。

如果因为有危险，就阻止孩子去冒险，这和开车有危险就放弃开车有什么不同呢？孩子不能没有冒险精神，否则他们就容易墨守成规，缺乏创造精神，很难有创造性的发明。所以，家长要鼓励孩子去冒险，陪孩子去冒险。但冒险也要有规矩。

1. 对孩子进行安全意识教育

在生活中，有些孩子缺乏安全常识，经常做出让家长害怕的事情。比如用铁丝触动插座，用棍子敲玻璃，这些都是很危险的行为。因此，家长平时要多教给孩子一些安全常识，防止孩子胡乱地玩，不考虑后果地去冒险。

2. 尽可能为孩子提供安全保障

假如你和孩子去海边玩，就要为孩子准备泳衣和救生圈，因为在海边玩冒险的游戏是有危险的；如果你和孩子去爬山，就要跟随在孩子的身后，随时为孩子提供帮助；冒险不是莽撞，不是冒失，而需要考虑孩子的安全。所以，和孩子一起去冒险的时候，要为孩子提供安全保障。

3. 让孩子学会适可而止

当家长和孩子一起参加冒险活动后，孩子可能会兴奋地不肯收手。比如，你和孩子去爬树，孩子可能会尽力往高处爬，这时候你应该提醒孩子："小心一点儿，慢慢爬，今天就爬这么高吧，下次再往上爬吧。"相信孩子听你这样说是会适可而止的。

尊重孩子

赞赏就如肥料，撒在孩子的心田里，孩子的自尊心和自信心才能得以苗壮成长。

我的女儿第一次写诗，就写得这么好，真棒，相信你以后一定会写出更好的诗来！

我和你说过多少遍了。你就要中考了，不要再找同学下棋了，你怎么就是不听！

爸爸当着其他孩子的面批评、责罚孩子，会让孩子觉得很没面子，这样孩子就容易产生对立情绪，即使他知道错了，也会强词夺理，甚至与爸爸对着干。

如果爸爸有时间，尽量和孩子一起去冒险：一方面，可以起到保护孩子的作用；另一方面，孩子有了你的陪伴会玩得更尽兴，更欢快。

叔叔，你真棒。

高情商家教思维

1. 孩子出现错误时，您会不会立即制止或批评？

2. 当您批评孩子时，您注意到要保护他的自尊心了吗？

3. 当您批评孩子时，孩子的反应一般都是什么？您的心情如何？

4. 当您批评孩子时，您会耐心地倾听孩子解释吗？

5. 您打骂过孩子吗？事后你们彼此的情绪如何？您会主动与孩子和好吗？

6. 您尝试过和孩子一起游戏，甚至去做一些冒险活动吗？

第三章

家长以身作则，孩子自觉守规矩

做好孩子的第一任老师

"扶我学走路，教我学说话。"人的一生，总会有这样或那样的前辈在指引着自己的道路，可几乎每个人最初的人生启蒙老师都是父母。是他们在教自己的孩子走路、说话、生活及做人。在孩子第一次摔倒的时候，是父母告诉他们，自己摔倒了就必须自己爬起来；在孩子第一次哭泣的时候，是父母告诉他们哭是一种发自内心真正的情感，只是要学会控制这种情感；在孩子第一次笑的时候，是父母让他们明白生活是多么有意义的事情；在孩子第一次感觉到无助的时候，是父母让他们学会如何去坚强面对。

家庭是生命的摇篮，是人出生后接受教育的第一个场所，即人生的第一个课堂；父母是儿童的第一任教师，即启蒙之师。这两个"第一"是任何东西都无法替代的。古语云："孔子家儿不知骂，曾子家儿不知怒，所以然者，生而善教也。"所以，家长对孩子所施教育的第一个特点是具有早期性、启蒙性。

孩子从婴儿期步入幼儿期，随着年龄的增长，终将由家庭这

ZYTC002

个小环境步入大社会，接触家庭外的人群、事物。社会中那些真善美、假恶丑不时地进入孩子的视野，大人采取隔离手法是行不通的，因为家庭中的电视、互联网也会从不同角度不断地反映着当今社会的现实，影响既有正面的，也有负面的。儿童特别是幼儿缺乏理性的辨别是非能力，但有着比成人敏锐的感受能力。

如果家长在日常生活中能针对孩子年幼接受能力不太强的特点，抓住具体的日常琐事，帮助孩子认识辨别社会中发生的是是非非，让他们具体地感受到真善美光明的一面，也体会到丑恶的、卑鄙的、阴暗的一面，就可以帮助孩子增强正义感，从而抵制丑陋阴暗面对孩子心灵的侵蚀。

一般来说，3 至 6 岁是学龄前期，也就是人们常说的早期教育阶段，这是人的身心发展的重要时期，所以家长要履行好"启蒙之师"的职责。我国古谚有："染于苍则苍，染于黄则黄。"幼儿期是人生熏陶染化的开始，人的许多基本能力是这个年龄阶段形成的，如语言表达、基本动作以及某些生活习惯等，性格也在逐步形成。美国心理学家布鲁姆认为，一个人的智力发展如果把他本人 17 岁时达到的水平算作百分之百，那么 4 岁时就达到了 50%。4 至 8 岁又增加了 30%，8 至 17 岁又获得了 20%。可见幼儿在 5 岁以前是智力发展最迅速的时期，也是进行早期智力开发的最佳时期，而家长在这个时期所实施的家庭教育，则是孩子早期智力发展的关键。

古往今来，许多仁人志士在幼年时期受到的卓有成效的家庭教育，是他们日后成才的一个重要原因。如德国大诗人、剧作家歌德的成才，就得益于家庭的早期教育。歌德 2 至 3 岁时，爸爸就抱着他到郊外野游，观察自然，培养他的观察能力。3 至 4 岁时，爸爸教他唱歌、背歌谣、讲童话故事，并有意让他在众人面前演讲，培养他的表达能力。这些有意识的教育，使歌德从小乐于思索、善于学习。歌德 8 岁时能用法、德、英、意大利、拉丁、希腊语阅读各种书籍，14 岁写剧本，25 岁用一个月的时间写成了闻名遐迩的小说《少年维特之烦恼》。

反之，人的幼年时期由于得不到良好的家庭教育，而影响智力正常发展的事例也是不少的。如印度"狼孩"卡玛拉，从小被狼叼去，8 岁时被人发现，但其生活习惯已与人完全不同，而与狼几乎一样，四肢爬行，吃生肉，昼伏夜行，后来经过人为的训练，2 年后才能站立，6 年后才得以像人一样行走，4 年内只学会了 6 个单词。在他 17 岁时，智力水平仅达到 3 岁孩子的水平。

据《中国妇女报》报道，江苏省南京市一位姓马的工人因患有精神性心理疾病，生怕孩子受人迫害，将自己的 3 个子女从小锁在家中，不让他们与外界接触，长达十几年，致使这些孩子智力低下、反应迟缓，与同龄人相比，智力及生活能力发展严重滞后。所以，我们不可忽视对孩子进行早期启蒙教育的作用。

但并不是启蒙教育越早越好，孩子的启蒙教育，是一个科学的过程。过早或过晚，对孩子智力的发育和思维意识的培育都是不利的。正如"揠苗助长"的寓言故事所描述的那样，如果家长一味地将教育提前，孩子的心智发育不到位就不能吸收，这样非但没有效果，更会让孩子对学习知识的过程产生厌倦感、恐惧感，后患无穷。不少家长为了让孩子早点起步，希望孩子在幼儿时期就能多认字、做算术，这其实是过早地给予孩子压力，可能会造成孩子的厌学情绪。

启蒙教育可谓无处不在，尤其是家长对孩子。

曾看过这样一段文字：

在车水马龙的路上，一位出租车司机在一个堵车的路口，指着旁边的一个建筑说："儿子，看！这是南山医院，你就是在这里出生的。"

旁边的两三岁的儿子看着医院，愣愣地说："南山医院？"

"嗯，是啊，你就是从这里来到世界的。"

"世界？"

"哦，你还小，以后长大了，爸爸再给你讲……"

这一幕在我们看来，是最为平常不过的了。无论在路上、车上、船上……父母对孩子的教育无处不在。指路牌、看电视、认地点，各式各样的启蒙方式让人眼花缭乱。然而这个父亲的特别之处在于，他是一个出租车司机。路上堵得水泄不通，在停下来等候的时刻，爸爸开始了对他儿子的启蒙教育。并不是每一个父母都家财万贯、学富五车，大多数人，都在默默地用自己的力量，做出这些微小的付出，然而正是这些微小的事情，一点一滴积累起来，才铸造了一条平稳安全的路，供孩子茁壮成长。那个司机的小孩，在接受了正式教育，腹中诗书渐丰之后，不知道还会不会记得在某个温暖的午后，自己的爸爸在工作的时候，曾经告诉他那个地方的名字。希望他记得。因为能够接受这些微小的付出，是一件多么温暖幸福的事啊。

家长的启蒙教育，是一种微小的付出，是天下父母心的体现——一种义无反顾的爱。这种爱在每一个人身上都有所体现。

　　孩子出生后，从小到大，大多数时间生活在家庭之中，朝朝暮暮，都在接受着家长的教育。这种教育是在有意和无意、计划和无计划、自觉和不自觉之中进行的，不管是以什么方式、在什么时间进行教育，都是家长以其自身的言行随时随地地影响着子女。这种教育对孩子的生活习惯、道德品行、谈吐举止等都在不停地给予影响和示范，其潜移默化的作用相当大，会伴随孩子的一生。

1. 作为"启蒙之师"的家长要有权威性

　　权威性，就是在孩子身上所体现出的权力和威力。家庭的存在，确定了父母子女间的血缘关系、抚养关系、情感关系。子女在伦理道德和物质生活的需求方面，对父母有很大的依赖性，加上家庭成员的根本利益的一致性，这些都决定了父母对子女有较大的制约作用，父母的教育易于被孩子接受和服从。家长合理地使用这一点，对孩子良好品德和行为习惯的形成是很有益处的。对于幼儿来说，尤其是在与其他小朋友玩耍的过程中，当出现争执时，往往会引用父母的话来证实自己的言语行为的合理性，如，他们喜欢说"我爸爸是这样说的"或"我妈妈是那样做的"等等。

　　家长在孩子幼年时代始终扮演着双重角色，既是孩子安全生存的保护者，又是孩子人生启蒙的向导。家长教育的效果如何，就看家长权威树立的程度。家长权威的树立必须建立在尊重孩子人格的基础上，而不是封建的家长制上。明智的家长不仅懂得权威树立的重要性，更懂得权威的树立不是靠压制、强求、主观臆断，而是采用刚柔相济的方法。

2."启蒙之师"还应具有感染性

父母与孩子之间的血缘关系和亲缘关系的天然性和密切性，使父母的喜怒哀乐对孩子有强烈的感染作用。孩子对父母的言行举止往往能心领神会、以情通情。在处理发生在周围的人与事的关系和问题时，孩子对家长所持的态度很容易引起共鸣。在家长高兴时，孩子也会心情愉快；在家长表现出烦躁不安或闷闷不乐时，孩子的情绪也容易受到影响，即使是幼儿也是如此。

如果父母亲缺乏理智而感情用事，脾气暴躁，会使孩子不自觉地吸收其弱点。爸爸在处理一些突发事件时，表现出惊恐不安、措手不及，对子女的影响也不好。如果爸爸处变不惊、沉稳坚定，也会使子女遇事沉着冷静，这样能对孩子心理品质的培养起到积极的作用。

3."启蒙之师"对启蒙教育具有及时性

启蒙教育的过程是父母在家庭中对孩子进行的个别教育行为，比幼儿园、学校教育要及时。常言道："知子莫若父，知女莫若母。"家长与孩子朝夕相处，对他们的情况可以说是了如指掌，孩子身上稍有什么变化，即使是一个眼神、一个微笑都能使父母心领神会。故此，父母通过孩子的一举一动、一言一行能及时地掌握此时此刻他们的心理状态，发现孩子身上存在的问题，及时教育，及时纠偏，不让问题过夜，使不良情绪和行为习惯消灭在萌芽状态之中。

正如印度电影《流浪者》中的经典台词一样："贼的儿子不一定是贼，法官的儿子也不一定是法官。"所以，无论你是轰轰烈烈的一代天骄，还是默默无闻的凡夫俗子，你都是孩子的启蒙之师，你是谁不重要，重要的是你想让你的孩子是谁。很多"一代天骄"都是"凡夫俗子"教育而成的。

引领孩子走上学习之路

如果有人问，学习是谁的事？一定会有很多人回答："学习是学生的事。"在这些人心里，人生分为两个阶段：学习——受教育的阶段，工作——生活的阶段。也就是说，学习只是初级阶段需要做的事情。

在我国，大部分人还持这种老观念：在工作中疏远学习。作为家庭教育者，身为孩子的家长应该有终身学习的观念，并在对孩子进行教育的过程中，向孩子灌输这种观念。学校教育是为孩子学会终身学习打基础的教育，不仅要培养孩子对学习的热爱，更要培养孩子对学习的持久热情，让孩子确立"学习是一个人一辈子的需要"的思想，这就是要在孩子心中确立学习的规矩。

在引领孩子进行学习的过程中，好家长做的第一件事，不是教孩子记住多少东西，而是应该教给孩子科学的学习方法——学习的金钥匙。也就是说，不仅仅"授之以鱼"，更要"授之以渔"。

1. 帮助孩子确立正确的学习目标

要让孩子明白，学习的目的不是应付考试，而是为了拥有知识，为了自我发展。在这个基础上，引导孩子进行有目标的学习，学习才会充满动力。有人拿终日绕着磨盘转的驴子和唐僧胯下走万里路取经的马对比，驴子和马走的路程大抵相等，因为两者每天都没有停止过频率相同的脚步。但是马因为每天按照如一的方向前进，所以走出了广阔的世界；而驴子终日围着磨盘打转，永远也走不出那个狭隘的天地。为了考试而学习，就如同被蒙上眼睛绕着磨盘转圈的驴子，而为了获取知识和自我发展而学习，就是那匹帮助唐僧取得真经的马！

2. 培养孩子科学的学习习惯

有人曾采访过几位诺贝尔奖获得者，当问他们："获得诺贝尔奖，您首先要感谢什么人？"大家都认为他们一定会说出他们导师的大名，可是几位获奖者一致认为，应该感谢幼儿园的老师和自己的父母。因为是作为启蒙老师的父母和幼儿园老师，培养了他们诸多的良好习惯……这些习惯是他们一生中最大的财富。没有这些习惯，他们是不可能走向成功之巅的。

可见，一些好的习惯对于一个人的成才作用非同一般。学习亦是如此。好的学习习惯，可以使学习事半功倍。举个最简单的例子：

小华刚上小学的时候，爸爸告诉她，每天晚上睡觉前要整理一下书包，把要用的课本和练习本按照第二天上课的课程表顺序排放好，装进书包，最后再检查一下有没有忘记装的东西。做好这一切之后，再去休息。小华每天坚持睡前整理书包，逐渐就养成了习惯。有一次小华边装书包，边感慨："爸爸教我的这个做法真好，每天上学后，总会听到有同学在那儿喊：'哎呀，我忘记带作业本了！''哎呀，我的数学书放哪了？'还有啊，上完一堂课，我只需要探手到书包里固定的位置抽出下节课需要用的书和本子，摆放在课桌上就可以了。好多同学却要把书包翻个底朝天，才能找到想找的东西。"

这只是一个小小的习惯，但小华从中受益匪浅。爸爸还引导小华养成了每天写日记的习惯，每天晚上睡觉前读30分钟书的习惯，还有制订学习计划的习惯，及时归纳整理学习笔记的习惯……

3. 给孩子提供在实践中学习的机会

有人想成为演讲家，于是乎买来一摞又一摞的理论书籍，潜心研究如何演讲，结果理论知识、"要领""须知"掌握了一大堆，可是从未张嘴演讲过，这样的人永远也成不了演讲家。

学习亦然。在实践中摸索获得的经验和技能，才会真正成为自己的经验和技能，才会真正运用于工作中、自我发展中。因为知识不仅仅是"知道"和"牢记"，更重要的是要运用，要化作生产力。

发明家爱迪生，如果从文凭和学历来说，他不是"高级知识分子"，但是他所掌握的知识是有效、灵活的。一次，爱迪生把一个电灯泡的玻璃壳交给他的助手，要他计算电灯泡的体积。由于电灯泡是不规则的圆形，这位助手算了一个上午也没有算出来。爱迪生从外面回来时，看见助手仍然在一大堆公式和数据中苦苦思索。助手见到爱迪生后，表示抱歉，并解释由于电灯泡不规则而没有完成任务。爱迪生笑了笑，什么也没有说，接过助手手里的电灯泡壳，往里面注满了水，然后倒入一个形状很规则的玻璃杯中，结果出来了，助手恍然大悟。

由此可以看出，知识不是公式、定理和书本中现成的答案，而是我们如何运用它的能力。

与孩子一起看世界

　　为人父母之后，很多人都想知道：孩子眼中的世界是什么样的？想获得这个问题的答案，父母就必须有所改变。比如，看待同一事物的时候，要蹲下来和孩子的视线保持相同的高度，这样就很容易理解孩子的看法了；换位思考，把自己想象成一个孩子，也就不觉得孩子的想法荒诞无聊了。当你真正走入孩子心里的那一刻开始，给孩子制定规矩，让其守规矩就会变得容易起来。

　　美国有一个名叫乔治的爸爸，他是一位棒球爱好者，当他的儿子年满6岁时，他满怀希望地带儿子去棒球俱乐部看比赛，他原以为孩子会非常兴奋，没想到球员们刚刚打了几个击球练习，比赛还没有正式开始呢，儿子就吵着要回家："我不想看了，打棒球真没劲！"乔治诧异极了，便对孩子说："几乎所有的男孩子都喜欢棒球，你怎么会不喜欢呢？"

　　儿子没有搭话，而是转身走出了棒球场。爸爸气急败坏地牵着他回家，途中经过一片街心公园时，孩子就像发现了新大陆似的蹲在草丛里看蚂蚁、看蚯蚓，还兴奋地告诉爸爸，他终于看到了搬运东西的工蚁！

这件事情给了乔治很大的触动，回家后他跟妻子商量，取消了刚刚给孩子报的棒球兴趣班，并且联系了老师，拜托老师推荐儿子参加学校的自然科学探索小组。在之后的日子里，乔治会有意引导孩子，经常和儿子一起趴在地上观察小动物。

乔治的转变让儿子非常兴奋，有了爸爸的支持和陪伴，他的童年将会增添更多乐趣。乔治的转变，是因为他懂得了孩子的心，看到了孩子的童真，理解了要用孩子的眼光看世界。

孩子虽然年纪小，但是他们已经在用自己的眼光来审视、理解、分析身边的一切事物，如果家长忽略了这一点，就会经常出现和孩子的想法不协调、不一致的情况，这个时候去教育孩子往往效果不佳。当家长真正做到用孩子的眼光看世界时，他就会开始明白，为什么那么多在他的眼里平淡无奇的东西，在孩子看来却是那么有趣，那么珍贵，那么神秘。

1. 蹲下来和孩子一起看世界

用孩子的眼光看世界，需要和孩子有同一视角，这就需要和孩子保持同一高度。为什么有的孩子不喜欢和家长去逛超市呢？因为孩子在超市里看到的可能都是一双双腿。

所以，当孩子因为这类事情表现出不听话时，你不要急着批评孩子，而应该蹲下来和孩子保持同一视角高度，这样才能看清楚孩子眼中的世界，才能知道他为什么不感兴趣，甚至不听话。

2.换位思考，学会理解孩子的心情

如果你懂得换位思考，经常站在孩子的角度看问题，就不会和孩子产生认识上的冲突。孩子不想吃药，你站在孩子的角度想一想就明白了，因为药是苦的，那么你就不会强硬地逼迫孩子听话；孩子不想睡觉，想多玩一会儿，你站在孩子的角度想一想就会明白，因为孩子贪玩，这是他们的天性，这样你就会允许孩子多玩一会儿。只有当你学会换位思考，才能理解孩子的心情，理解孩子是怎样看世界的，那么你制定的规矩也才更容易让孩子接受。

3.尊重孩子的意愿，给孩子自主选择权

很多家长为了让孩子变得更优秀，不惜违背孩子的意愿，给孩子报特长班、兴趣班。孩子知道父母是为自己好，所以他们即使不愿意学，也会强迫自己学，但是他们学得并不快乐。如果你懂得尊重孩子的意愿，在关于孩子的事情上给孩子一些自主选择权，和孩子商量着做决定，会让孩子感到自己受到了家长的尊重。相比之下，孩子和父母一起决定的事自然也能得到真正的落实。

在同孩子一起锻炼中定规矩

儿童时期也是人体形态发育的重要时期，这一时期生长发育的好坏，对人一生的体质和体形有很大的影响。

说起锻炼身体，我们脑子里首先会想到的是，各种大大小小的竞技比赛、运动会、健身房等场面，以及夏日里的清晨街道旁、休闲广场上大爷大妈们跳的健身舞、傍晚扭的大秧歌，冬天公园里冒着刺骨寒风冬泳的勇士……如果换作要家长领着孩子在院子里跑跑跳跳、玩玩滑梯，假日领孩子去游园、去远足，在人们眼里这似乎跟锻炼不搭边。

可是，体育锻炼无时无刻不存在于我们的日常生活中，比如玩皮球、滑滑梯、踢毽子、跳绳、跑步、游泳、做操、远足等，就是随意的散散步，也不失为一种锻炼。这些锻炼，家长要尽可能地陪孩子一起进行。

作为父母都希望孩子成龙成凤，都希望孩子身体健康，也都明白只有拥有健康的身体，孩子才能拥有好的前程。但很多父母往往倾向于孩子的营养，倾向于孩子的智力开发，却忽视了孩子的体育锻炼，忽视了增强孩子的体质。因此，幼儿园及小学里才出现了小胖墩、豆芽菜、小眼镜等不是那么健康的孩子，而经常生病的、体质很差的小朋友也是屡见不鲜。

这一点，家长应该深刻反省。家长觉着什么有营养就给孩子吃什么，营养虽然跟上了，但是孩子为什么还是经常生病呢？究其原因，就是缺乏锻炼。

儿童时期正是养成自觉锻炼身体习惯的好机会。如果错过了，随着人的年龄的增长，由于受旧习惯的干扰，新习惯就难以形成。因此，家长带孩子进行合理的体育锻炼并制定规矩，有着特殊的意义。

1. 要提高对孩子体育锻炼的认识

如今的家庭只有一个宝贝，因此比较娇惯。有个别家长别说户外体育活动，平时连走路都不太舍得，生怕累坏孩子。如果在户外活动中摔一跤，那更是心疼得不得了。有些家长认为自己的孩子体质弱，累坏了要生病。甚至有个别家长认为，有些爬、翻、滚的动作危险，还会把一身干净的衣服弄脏。还有的家长认为户外体育活动就是玩玩而已，还不如写写字、看看书有用。家长对体育活动意识的淡薄，使自己的孩子缺少锻炼的机会。

春暖花开的季节，家长应该多带孩子去户外游戏，4 至 5 岁的孩子可以去郊外远足，在运动中快走与慢走、快跑与慢跑以及跳跃交替进行，既训练了幼儿的基本动作，又训练了幼儿的速度、耐力等基本身体素质，还培养了幼儿吃苦耐劳的精神，锻炼了幼儿坚忍不拔的毅力，更使幼儿欣赏了大自然的美好景物、增长了知识，进一步调动了幼儿进行身体锻炼的积极性。

体育锻炼是父母对孩子进行素质教育的良好载体。事实上，孩子天性好动，真正不爱运动的孩子只是很少一部分。体育锻炼是一项父母子女可以共同参与、亲力亲为的活动，体育锻炼的过程，既是培养孩子吃苦耐劳精神、磨炼意志品质的过程，也是孩子体会公平竞争、团队精神、人际交往的过程，是孩子宣泄不良情绪、克服焦虑、享受体育带来的欢乐和愉悦的过程，更是父母了解孩子、引导孩子、加深亲情、加强沟通的一个互动的过程。

2. 要重视日常游戏对孩子锻炼的重要性

游戏是孩子体育启蒙的第一课，游戏可使孩子聪明伶俐、身体健康。游戏的目的不仅在于增强体力，更是使孩子的四肢得以均衡使用，从而有效地刺激大脑发育。尤其是在婴幼儿快速生长时期就更为有利，将使孩子终身受益。

1 至 5 岁是幼儿感觉运动发展的最佳时期，此时有目的、有计划地发展幼儿的感觉和运动能力，不仅对大脑是良好的刺激，能提高大脑对全身各器官系统的支配能力，还能促进运动神经的发展。

其中，1 至 3 岁可选择的游戏有：手指体操、捏橡皮泥、踢定点球、踢滚动球、侧滚、驮物爬、两腿两足夹物走、拍球等；3 至 5 岁可选择的游戏有：各种曲线跑、各种躲闪游戏、跳皮筋、伸展体操、单足站立、学骑自行车、跳房子、跳绳等。幼儿玩耍各种套叠玩具、穿绳玩具、积木等，有助于锻炼幼儿肌肉动作和手指的灵活性。

球类游戏是比较古老的儿童游戏，在球类游戏中，不但可以训练孩子的手腕力量，还可以训练孩子手控制方向的能力，提高手眼协调性，增强孩子的快速反应能力。而球的反弹特性，使孩子对事物运动方向的改变产生思考和认识，提高了孩子预测运动方向的能力。

孩子在完成独立行走以后，随之就是高级的运动技巧的发育和形成，比如跳跃、模仿肢体动作、接球、跳绳等。孩子运动能力的提高和培养，也可通过游戏来完成。这需要我们家长结合孩子的生理特征来制订一套符合孩子发育特点的、科学的游戏计划。

3. 要根据孩子的年龄特点合理安排运动量

幼儿正处于生长发育阶段，家长不要一味追求运动的强度，而要根据孩子的年龄特点、兴趣和需要，选择适合他们年龄段的，他们自己喜欢的、有条件的，并能坚持下去的游戏或运动。关键是要使孩子能坚持锻炼，风雨无阻。如果三天打鱼，两天晒网，就不会有好的效果。家长在与孩子共同的体育锻炼中，对孩子要少批评，多指导，多肯定，多鼓励，营造一种轻松和谐的气氛。

儿童要想锻炼好身体，必须掌握科学的方法和正确的原则。根据孩子生理的基本规律和年龄、性别、体质的状况等具体情况和客观条件，选择合适的项目，并在一定原则指导下，合理安排运动量，有计划地进行体育锻炼。幼儿年龄较小，自觉性较差，家长必须予以正确的指导。一般情况下，家长应该每天陪孩子进行至少一个小时专门户外游戏或锻炼，并长期坚持。

4. 体育锻炼有助于孩子长身体

体育锻炼也是有助孩子长高的重要因素之一。经常在阳光下进行体育锻炼，不仅可获得充足的阳光照射，而且通过跑、跳、蹦等动作对骨骼进行机械刺激可以提高骨骼的增殖能力，从而使骨骼的生长发育加快，但要注意不可过于疲劳。

据世界卫生组织对儿童发育统计资料显示：春季是儿童身体发育生长最快的时期。这是因为继寒冬的休眠和春的复苏之后，自然界的万物在春暖花开、艳阳高照中进入生长发育的高峰。人类，尤其是儿童也有同样的效应，因为骨骼的生长与光照时间有密切的关系。

我们知道，太阳给地球带来了光和热，没有阳光就不会有生命。阳光中的红外线具有渗透物体和加热的作用，温度可以深达身体内部，使深度组织的血管扩张，尤其能促进骨膜血管的扩张和加快血液循环，从而使骨细胞得到更多营养物质供应，骨骼生长发育才会更快更好。

另外，阳光中的紫外线能刺激身体的造血机能，使血液中的红细胞数增多，更重要的是，它还能促进皮肤内维生素 D 的合成，有助于骨骼的生长。

榜样的力量

这只是一个小小的习惯，但小华从中受益匪浅。爸爸还引导小华养成了每天写日记的习惯，每天晚上睡觉前读30分钟书的习惯，还有制订学习计划的习惯，及时归纳整理学习笔记的习惯……

儿童时期也是人体形态发育的重要时期，正是养成自觉锻炼身体习惯的好机会。爸爸带孩子进行合理的体育锻炼，有着特殊的意义。

要重视日常游戏对孩子锻炼的重要性，游戏是孩子思维启蒙的第一课，游戏可使孩子聪明伶俐、身体健康。

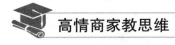 高情商家教思维

1. 家长作为孩子的老师，您觉得孩子最喜欢您给他做什么？

_____

_____

2. 您和您的孩子都喜欢学习吗？

_____

_____

3. 您会蹲着和孩子保持同样的视角看世界吗？

_____

_____

_____

4. 当您觉得孩子不对时，您会换位思考吗？

_____

_____

_____

5. 您注重孩子体育锻炼吗？你们会一起锻炼吗？

_____

_____

_____

6. 作为家长，您觉得您在给孩子言传身教方面成功之处有哪些？
   有待提升的又有哪些？

_____

_____

_____

第四章

让孩子不抵触，正向教育孩子最喜欢

宏伟的目标可以激励孩子

　　"没有目标就没有成功"，人生目标是孩子奋进的灯塔，它能指引孩子实现自己的梦想，走向成功。一个宏伟的人生目标，能够激励孩子积极进取、追求成功。

　　陈欣怡小时候兴趣很广泛，一会儿想学唱歌，说长大要当歌唱家；一会儿又想去学跳舞，说以后当舞蹈家；看见画画好，又想去学画画，让爸爸很是操心。几年下来，陈欣怡在几个兴趣班上的表现都只是平平。爸爸意识到这样毫无目标地东学西学，只会浪费时间，觉得该让孩子树立自己的人生目标，这样孩子学习的目的性和积极性都会增强。

　　爸爸首先让陈欣怡自己分析自己最喜欢做什么，最想在哪方面做出点成绩。这时的陈欣怡才发现，自己原来并不想把唱歌、跳舞和画画作为人生目标，而更喜欢当一名救死扶伤的好医生。

　　为了让陈欣怡不再随便更改自己的理想，爸爸将她的理想写下来贴在了她的卧室里。从那之后，当医生成了陈欣怡的理想，她减少了去兴趣班的时间，把更多的时间投入到学习中，学习成绩也不断提高。爸爸相信在人生目标的指引下，陈欣怡会更加优秀。

人生目标决定了孩子一生的成长方向，要根据孩子的兴趣、特长来慎重选择。人生目标一定要宏伟、长远，一旦树立就不要轻易变更。孩子越早明确人生目标，就越早收获成功。

孩子总会把特定的兴趣投入到特定的事情上，家长一旦发现孩子的兴趣，就要加强投入，力争把兴趣发展为特长，把特长发展为人生理想。孩子能够把自己最喜欢的事作为人生理想，肯定会获得更大的进取动力，收获更多的快乐。

人生长期目标的实现离不开中、短期目标的支持。家长一旦帮孩子树立长期的人生目标，就要加紧规划中长期目标和近期目标。规划好每个阶段的目标，孩子的理想才不是空想。任何梦想要最终实现，都离不开每一个阶段的具体实施。将目标细化，才能更利于孩子走向成功。

孩子在实践的过程中，需要获得家长的鼓励和支持。家长也要做好监督工作，时刻督促孩子完成好近期目标，强化孩子的目标兴趣，陪孩子一步步走向自己的理想。孩子的进取受到了关注，取得了成绩，能够增加孩子的成就感，让孩子体味到为理想而努力的愉悦。

宏伟的人生目标，能够召唤孩子在逆境中前进，有效地规划人生，不把有限的时间浪费在迷茫和虚度中。

在帮助孩子树立长远的人生目标时，家长可参考以下建议：

1. 把孩子的兴趣、特长转化为理想

孩子的人生目标最好建立在兴趣之上，这样孩子才愿意终身为之奋斗、付出。家长在帮孩子设立人生目标时，先要发掘出孩子的兴趣及特长。孩子在自己感兴趣的领域中前进，才能享受到快乐和成就感。

孩子的人生目标一定要符合孩子的愿望，而不是符合家长的愿望，这关系到孩子能否坚定地走下去。家长在帮孩子设立目标时，除了观察孩子的潜质，发掘孩子的特长，还应征询孩子的意见。

2. 保护孩子对人生理想的热情

持续的兴趣，是孩子选择坚持下去的理由。维护好孩子对实现人生目标的热情，才能让孩子愉快地走下去。

陈忆从小对色彩很敏感，他喜欢各种绚丽的色彩。画册是他最喜欢的读物，用彩笔涂涂画画是他最大的乐趣。爸爸在他4岁时，就带他去看画展。回来后，他很受启发，坚持要学国画，爸爸让他参加了基础培训。

10岁那年，陈忆拜一位国画大师为师。此后，只要有名家画展，他都会去观摩，老师还常带他去拜访自己的画家朋友。陈忆在浓郁的书画氛围中，对书画的兴趣只增不减。久而久之，成为一名国画大师也就成了陈忆的人生理想。

孩子对人生目标抱有持久的热情，才会义无反顾地坚持走下去。家长要维护孩子实现理想的热情，手段和方法是多种多样的，只要对增进孩子的兴趣有利，都可以去实践。

3. 将人生目标阶段化、细节化

任何长远目标的实现，都离不开近期、中长期目标的支撑。家长要帮孩子把目标阶段化、细节化，使孩子的整个人生目标更具有实际可操作性。

刚上初中的刘濂的理想是当外交官，他给自己定下的人生目标是精通英语、法语、德语。要实现这个目标是一个艰难的过程，他要一步一步地攻克语言难关。爸爸让他先攻英语，计划在初、高中6年学完所有常用词汇，能够正常阅读报纸、杂志。大学阶段再开始选修法语、德语。刘濂将每天需要学习的词汇和句型都量化下来，制订好每天的学习计划，他只要坚持就行。

3年来，他每天都坚持完成学习计划，英语水平一天天提高。初中毕业时，他就能读懂外文书报、听懂英文广播了。他对实现梦想很有信心，已经详细规划好了高中3年的学习计划。

孩子要想实现长远人生目标，就要同时规划好中长期及近期目标。目标越详细，可操作性越强，实现的概率也就越大。

4. 督促孩子朝目标前进

孩子毕竟是孩子，自我管理能力、约束能力都弱于成人。孩子在追求人生目标的途中，离不开家长的监督、促进。家长要时刻关注孩子实现目标的情况，督促孩子认真执行每一个近期目标，只有不断地前进，才能让孩子最终实现大目标。

5. 对孩子的成果给予关注和奖励

孩子在追求目标的过程中有了成果，家长要给予关注和奖励。家长的关注和奖励，是对孩子的一种激励，孩子从中可以不断汲取前进的动力。

陈鹏从小就对钢琴很感兴趣。他4岁开始练琴，到如今已经有8年了。这8年来，他的每一个获奖证书、奖杯，爸爸都小心收藏着；每一场表演，爸爸都用DV记录了下来，刻成了一张光盘。以前很多和陈鹏一起学琴的孩子都放弃了，只有陈鹏坚持了下来。如今，他已经弹得非常出色。爸爸的关注和奖励，是他努力进取的动力。

保护孩子的自尊心

如果孩子缺乏自信心，那么他便同时缺乏了在各种能力发展上的主动性和积极性，而这些又恰恰是对人的能力起决定作用的因素。家长要让孩子做一个迎着阳光走路的人，让孩子懂得期盼未来，并对未来充满美好的憧憬。孩子的自尊心是一块神圣的领域，家长如果不把它放在心上，随意践踏，渐渐地就会把孩子锁在一个死角。如果他的自尊受到伤害，他就会害怕去做任何事情，无限地自卑，会让他失去所有的自信心，也就是说孩子潜在的才华会被家长的无心之举深深地埋没。

在一个孩子成长的过程中，接受鼓励是一件非常重要的事，这个时期的孩子就像是土壤里的嫩苗，需要阳光雨露的恩泽才可茁壮成长。

路路的父母都是企业高管，家庭很富裕，对路路的管教十分严格。路路从来没敢告诉过任何人，她非常讨厌爸爸。爸爸从来不笑，无论路路在学校表现得如何优秀，爸爸都面无表情。但是，一旦路路的成绩下降，或是不听他的话，必会挨打。路路曾经说过："挨打也就算了，我受不了的是羞辱！"

对于考试，爸爸格外关注，只要成绩稍差一点，罚跪是必然的。有一次，路路的同学来家里向路路借书，正巧碰到路路在罚跪。孩子已经上初中了，自尊心正是处在格外强的阶段。路路看到来者是同学，马上站了起来，满脸通红地给同学找书。爸爸看见路路没有按照要求罚跪，怒气顿生，根本不管孩子的同学在不在场，拉着路路的衣领，把她带到墙角，责令跪下。路路碍于同学在场就是拗着不跪，没想到，爸爸居然当着外人的面抽了路路一个耳光，路路的眼泪一下子流了下来，抵不过爸爸的怒气，跪了下去。路路的同学看到这种情况，吓得书都没拿就跑掉了。

"怎么考那么几分？我怎么生了你这个丢人的孩子！"爸爸不解气地骂道。

路路什么也不说，只是哭。

一年又一年，这一年，路路终于高中毕业，迈入了大学的校门。可是当她面对自由的时候，却发现自己除了学习什么都不敢做了。学校的活动从来不参加，做什么事都觉得自己不行。她的心情一天比一天差，忽然生出了报复爸爸的想法。"你不是觉得我最差劲吗？我就差劲到底了，反正我什么都不是。"抽烟、喝酒、泡吧，最后居然被不良的朋友带着吸起了毒，最终走上了一条不归路。

别再让这样的悲剧重演，孩子也是活生生的人，他们有人格的尊严。家长要给予他们爱的力量，而不是去为断送孩子的前程做准备，让你的孩子充满自信地走向前方吧。

1. 孩子不是你的私有物品

作为一个好家长最起码要懂得尊重孩子，这样才会让孩子学会自尊自爱。对孩子说话一定要注意语言的分寸，像是"你真没出息！""你不可救药！""小孩子懂什么！""大人的事，小孩子知道什么！"这类让孩子丧气的话都要从家长的字典里消失。另外，打孩子和任意惩罚孩子也是不可取的。这些方式只会使孩子越变越弱，自尊心被打散了，自信心被罚没了，那你的孩子还会留下什么呢？孩子不是你的私有物品，他是一个独立的人。家长要给孩子留有健康的成长空间。

2. 引导孩子去体味自己的生活

孩子的能力有限，家长不要渴望孩子获得了天大的本领时才去赞扬他。鼓励与赞扬之声应该是随处可见的。孩子第一次可以自己吃饭了，家长马上要给予表扬；孩子第一次洗了自己的袜子，家长要对他说："你真能干！"孩子第一次在运动会上取得了名次，家长要对他说："你真棒！"孩子的自信心就是在这一声声看起来微不足道的鼓励声中，渐渐地形成的。

3. 发现孩子的闪光点

有些家长似乎只能看到孩子的不足，却无法看到孩子优秀的地方。如果家长以这种方式来看待和教育孩子，孩子不仅无法达到你的优秀标准，还会使自己潜在的闪光点慢慢消失。所以，家长要积极地去寻找孩子的优点，给予重点培养，相信孩子一定不会辜负你的希望。

4. 教会孩子相信自己的方法

自卑的孩子总会潜意识里认为自己不行。家长要引导孩子发掘自己与众不同的地方，并且可以传授给孩子一种自我暗示的照镜法，就是让孩子对着镜子里的自己说："我能行！""只要再努力一点，一定会成功！"等等。

认识到孩子的天性，孩子才易于接纳你的规矩

雷双是个聪明的孩子，成绩很好，尤其是英语，几乎一听就懂，在班里英语成绩一直是第一名，还曾经获得市里英语单科竞赛冠军。当然，雷双也有不理想的地方，就是无论她多么努力，数学总是学不好。

雷双的家长没有适时地帮助孩子寻找合适的学习方法，反而总拿她的数学成绩和班里数学成绩最好的孩子相比，经常批评雷双逻辑思维能力差。雷双本来还想多做些数学题弥补一下自己的不足，提高下数学成绩，但听到爸爸多次批评自己之后，她也开始承认自己笨，并对数学彻底丧失了兴趣。

孩子之间存在很大的差异，每个孩子的个性都是不同的，教育的目的就是要开发每个孩子的差异性、独立性和创造性。家长只有了解孩子的特点，才会更好地教育孩子，减少孩子成长道路上的挫折。

"孔子教人，各因其材"，这是宋代理学家朱熹总结的孔子教育学生的方法。"因材施教"就是针对孩子的具体情况以及个性差异进行不同的教育，从而使孩子获得更好的发展。这些传统的教育理念、思想见解有着永恒的价值，值得我们借鉴。

但是有些家长对因材施教缺少深刻的理解。他们想让孩子出人头地，希望孩子在今后的激烈竞争中取胜，但很多时候他们会如雷双的家长那样，结果事与愿违。这其中的原因是家长没有注重孩子的自然天性，不了解孩子的个性特点，没有对孩子进行因材施教。

传统的教育很大程度上是一种单一、机械的模式化教育，面对兴趣爱好、知识基础、认知结构、能力水平千差万别的孩子，往往采取的是同样的教育方式，实践证明，这种教育方式是失败的。家长要考虑到孩子的实际情况，根据孩子的身心发展特点以及接受水平来选择适合孩子的教育方法，帮助孩子提高学习成绩。

1. 深入了解孩子的优缺点

家长应当了解自己孩子德智体发展的特点，各学科的学习情况与成绩，兴趣、爱好所在，擅长及不足之处，然后才能有针对性地因材施教。

家长首先要深入了解孩子的心理，根据孩子的个性特点，找准切入点来引导孩子。如孩子喜欢追星，就可以给他们讲明星是如何成功的，以此激发孩子的进取心；孩子个性强，自制力也强，则可以让孩子自己制定规则，孩子受到尊重，就会自觉遵守规定；而对于自制力较差的孩子，家长可以采取表扬与惩罚相结合的方式，给予适度的监督，督促孩子养成良好的习惯。

2. 不生搬硬套别人的教子模式

孩子和孩子之间是有差距的，每个孩子都有自己的长处和短处，孩子的接受能力也有差异，家长要摸索出适合自己孩子的教育方式，不能照搬别人的教子模式。

王敏成绩一般，她的爸爸最初比较注意监督孩子的学习，后来听了很多父母的教子经验，说不用管孩子，孩子的成绩也会很好，还说孩子如果天生是学习的料，大人根本不用费心管教等。于是，王敏的爸爸对她的学习开始抓得松了，不久，王敏的成绩下降不少。

王敏的爸爸这才认识到这种教育方法在自己孩子身上不合适。为了提高孩子的成绩，他一有空就陪着王敏学习，随时帮助她解决学习中遇到的问题，一段时间后，王敏的成绩又提升上来了。

家长只有根据孩子自身的特点和实际情况，采取恰当的教育方式，才会使孩子不断进步。如果盲目听信别人对孩子的教育经验，生搬硬套别人的教育方式，就很难达到同样的教育效果。

3. 对孩子进行个性化教育

家长要从孩子的实际情况、个性差异出发，有的放矢地对孩子进行教育，使孩子能够扬长避短、获得最佳的发展。孩子的个性不同，家长的教育方法也应有所不同。别人的教子秘诀对自己的孩子或许并不适用，家长要注意活学活用，对孩子进行个性化教育。

兴超是个调皮的孩子，学习成绩一直不错。可是在老师眼里，他是个让人头疼的孩子，他总是不做家庭作业。老师将情况反映给了他爸爸。

爸爸和蔼地问兴超为什么不做作业，兴超说："老师让做的题目我都会做，可是一遍遍地重复让我对它们一点兴趣都没有了。"爸爸了解了孩子的实际情况后，向老师征求意见：是不是可以不让兴超做作业，因为重复会让他失去兴趣，自己在家里给他找一些具有挑战性的习题让他做，让他提升解题的能力。老师接受了兴超爸爸的建议。

对数学感兴趣的孩子，家长要鼓励他挑战高难度的题目；对舞蹈感兴趣的孩子，家长要支持他参加舞蹈培训班；对于知识掌握很牢固的孩子，家长就没有必要强迫孩子做多少课下习题。总之，孩子的成长方式应该是符合自身的、与众不同的，这样孩子的成长过程才会更快乐。

4. 因势利导，使孩子扬长避短

每个孩子都是一个独立的个体，性格各有差异，学习风格也会不同，这就要求家长有灵活的教育头脑，因势利导。这样，孩子才会处于一种愉悦的心理状态之中，把学习作为一种享受，从而提高学习效率。

　　家长要用平常心对待孩子的成长，每个孩子都有自己的闪光点和不足之处，家长要仔细观察孩子的兴趣和优势，鼓励孩子积极发展优势，并用孩子的优势增强孩子克服缺点的信心，帮助孩子全面发展。

赏识的力量

　　每个家长都很爱自己的孩子，都希望他们更聪明、更优秀，但是这其中总会有一些家长爱揪住孩子的缺点不放，并以它为工具不断地挫伤和打击孩子。实际上，这些家长的出发点也许只是为了提醒孩子，让他们心里有个数，在学习、生活中多加注意，希望他们尽快地改正缺点。可是，由于家长对孩子要求过高、过严，再加上这种方法的打压，不仅不利于孩子的成长，反而会让孩子在你不断地述说中，逐渐对自己的缺点有了认同感，产生自卑的情绪，甚至激起孩子的反感，对家长产生敌意，从而硬要逆着大人的心思来，"你不让做什么，我就偏偏去做什么"，让家长又气又急，却无招可用。

　　儿童作家郑渊洁说过："父母生育的孩子只有两种：一种是天才，另一种是普通人。父母对孩子实施教育，实质上是转基因教育。要么将天才转变为普通人，要么将普通人转变为天才。"由此看来，家长不可随意揪着孩子的缺点不放，每个人都有他的长处和短处。孩子成长的过程就是他不断完善自我的过程。如果孩子胆小，家长常说其胆小怕事，孩子必然无法跳出"胆小"的范围；如果孩子英语不好，家长总拿这点来进行碎碎念，孩子英语肯定很难提高。家长为什么不把视角转换一下，看看孩子的优点，多夸夸他的优点，从优点下手来弥补不足之处呢？再普通的孩子也有优点可寻，家长不妨试一下，肯定要比你的打压教育强上百倍。

听过爱因斯坦的故事吗？这个家喻户晓的大名人，小时候也并不是聪明绝顶，不仅如此，他自身还存在许多缺点，可是为什么他最终可以走向成功呢？因为他有一个能看到他身上优点的爸爸。

从爱因斯坦卓越的成就来看，我们很难想象他小时候是这样的：

爱因斯坦并不是个活泼聪明的孩子，3岁的孩子早已经像小百灵鸟一样说这讲那了，他却连话都讲不顺溜。邻居都认为他智商低，不让自己的孩子和他在一起玩。终于到了7岁，这是上学的年龄。可能是教条的学习气氛无法引起孩子的兴趣，爱因斯坦表现得很驽钝，老师留下的作业也常常无法完成，所以老师们都认定他是个智力有问题的孩子。一晃到了9岁，爱因斯坦终于可以正常地说话了，学业平平，不受人喜爱。

可是不喜爱他的人中却不包括他的爸爸，爸爸不仅从来不会说他笨，还会常常鼓励他，爸爸常对他说："我的儿子，你并不笨，别人会的，你也会，虽然做得不够好，可是也没有差多少。在我看来，我的儿子更优秀，因为你会做的事情，别的孩子却不会。所以，我相信其他人只是没有看到你做得很好的那一面，那是因为你想得总是那么与众不同，我相信我的儿子总会有一个方面比任何人做得都要出色。"

后来，果然不出爸爸所料，爱因斯坦在爸爸的肯定中找到了自己的位置，终于成就了伟大的事业。

现在我们来想一想，如果当初他的家长也像那些邻居、老师们一样，对爱因斯坦的缺点耿耿于怀，还怎么成就这个举世无双的伟人呢？

教育孩子最可怕的方式之一就是眼睛的一半被蒙蔽住了，只能看到孩子的缺点。家长要把眼光放得远一些，只要孩子今天比昨天进步了，这一分钟比前一分钟懂事了，都应该赢得你的鲜花和掌声。教育孩子没有什么秘诀，它的奥妙之处就在于相信和理解。孩子如果没有缺点，他的成长就失去了该有的意义。当然，每个家长都希望自己的孩子什么都好，什么都比别人强，所以，理所当然地认为孩子有优点是正常的事，缺点才是不可姑息的大事。如果你这样想就大错特错了。优秀的孩子绝对不是逼出来的，而是运用赏识的力量，让他们懂得自己，肯定自己，相信自己，最终创下不凡的成就的。

尊重孩子的观点

　　最近电视上经常播出低碳生活的公益广告。一天，9岁的宝艺对爸爸说："爸爸，我觉得，我们应该把车卖了，一起加入低碳生活吧！你看，电视上就经常说要多骑自行车，少开车。"

　　爸爸一听就火了："什么？把车卖了？我前年花了十几万买的汽车，你一句话，说卖就卖了？真是个败家子！你还低碳？你知道什么是低碳吗？低碳就必须要卖车吗？不懂你就不要再瞎说了！"

　　如果爸爸当时没有直接否定宝艺的观点，而是说："孩子，你觉得我们应该低碳生活，这很好，表明你是一个富有责任感和使命感的人，懂得珍爱世界，爱护地球。爸爸很高兴！不过，爸爸与你有一点儿不太相同的看法。因为低碳并不是说必须要卖车。其实，低碳生活包括很多方面，例如我们可以把洗衣服的水留下来冲马桶，尽量用节能灯泡。这样，我们不也一样参与低碳生活了吗？"

这样，不仅维护了孩子的自尊，还让他对低碳生活有了一个正确而全面的认识，孩子也会更积极地去思考问题，敢于说出自己的观点。

所以，家长不能轻易否定孩子的观点，应该尊重孩子，并鼓励他勇于说出自己的观点，逐渐培养孩子的独立意识。

1. 尊重孩子的想法与意见

周末，爸爸带9岁的儿子去参观书法展览。在回家的路上，儿子说："爸爸，今天我看了很多书法。我觉得，有一些书法写得非常好，但是有一些书法却很潦草。老师经常教我们，要认真、工整、一笔一画地写字。真搞不明白，为什么字写得那么难看，却能拿出来展览！"

爸爸说："孩子，老师说得没错，写字就要认真、工整。不过，那些书法并不是潦草，它也是书法的一种形态，称为'草书'，它们也是具有很高的书法造诣的，并不是信笔涂鸦。这个，你以后就会明白了。"

每一个孩子都有其独特的思想与思维方式，在孩子面前，世界是纯洁、美好的。孩子懂事后，就会渐渐地学会独立思考，并逐渐形成自己的想法和观点，会向家长说出自己对某些事情的看法和意见。实际上，这是孩子的一种正常的表现，说明他已经具有独立意识了。

所以，家长应该尊重孩子的生长规律，尊重孩子对事物的某种看法和观点。如果孩子的看法是正确的，你就需要及时对他提出表扬和鼓励；如果孩子的看法是片面的、不正确的，你也要尊重他的这种想法，并在倾听中发现孩子观点中的不足之处，进而加以正确引导，让他对事物有更加全面、科学的认识。

2. 不随意否定孩子的个人观点

8岁的小宗跟爸爸逛街，走进了一家儿童服装专卖店，小宗说："爸爸，这款衣服真好看，我特别喜欢。"

爸爸瞥了一眼衣服，说："真难看！你看这颜色，还是土黄色！我实在觉得没有比这更难看的颜色了，多庸俗呀！"

小宗喜欢土黄色的衣服，就说明他具有了自己的鉴赏能力，而爸爸却直接否定了他的观点，这无疑是一种错误的做法，不仅不利于亲子关系的和谐发展，还会挫伤孩子的积极性，孩子会认为自己很笨，根本没有鉴赏能力，进而产生自卑心理。

所以，家长不能轻视孩子的个人观点，更不能表示否定或攻击，而应在尊重的基础上，选择性地支持与鼓励孩子的个人观点。当然，若孩子的个人观点确实是偏激和错误的，家长需要及时加以纠正。

3. 鼓励孩子说出自己的观点

孩子说出自己观点的过程，就会体现出孩子对事物的理解能力和思考能力。所以，家长应鼓励孩子多表达自己的观点，有意识地锻炼他的理解能力和思考能力。

例如，当发生了一件新闻时，家长可以说："孩子，你对这件事有什么看法？"当家长在和朋友探讨问题时，家长也可以问孩子："孩子，你是怎么认为的？"当家里准备外出旅游时，家长可以征求孩子的意见："你想去哪里玩儿？说说你的想法。"

保护孩子对人生理想的热情，持续的兴趣，是孩子选择坚持下去的理由。维护好孩子对实现人生目标的热情，才能让孩子愉快地走下去。

成为一名国画大师是我的人生理想。

怎么考那么几分？我怎么生了你这个丢人的孩子！

保护孩子的自尊心，在一个孩子成长的过程中，接受鼓励是一件非常重要的事，这个时期的孩子就像是土壤里的嫩苗，需要阳光雨露的滋润才可茁壮成长。

鼓励孩子说出自己的观点，培养孩子对事物的理解能力和思考能力。所以，爸爸应鼓励孩子多表达自己的观点，有意识地锻炼孩子的理解和思考能力。

你想去哪里玩儿？说说你的想法。

高情商家教思维

1. 回想一下，您在和孩子交流时正向教育多还是批评多？

_____

_____

2. 您有没有和孩子一起制定过一些目标，比如：读书、运动、旅行，并将这些目标细化为可以实现的阶段小目标？

_____

_____

_____

3. 您经常给孩子物质或者口头上的奖励吗？

_____

_____

4. 您了解自己孩子的优缺点吗？您尝试过挖掘自己孩子的闪光点吗？

_____

_____

5. 您在保护孩子自尊心这方面有过怎样的经验和教训？

_____

_____

6. 您认为您的孩子自信吗？您还能再做些什么来提升您的孩子的自信心？

_____

_____

_____

第五章

定好规矩，让孩子养成良好的习惯

勤奋对孩子很重要

聪明和勤奋铸就了天才，那么到底是"聪明"重要，还是"勤奋"重要呢？对于这个问题，很多家长还不是很清楚，但是如果你听说了爱迪生的一句名言："所谓天才，是百分之一的聪明加百分之九十九的勤奋！"你就明白了答案是什么。当你了解了丁俊晖的成功之路后，你会更加明确勤奋对于孩子的重要性。

台球神童丁俊晖，出身于一个普通的家庭。他在台球方面的天赋是人们公认的，但是丁俊晖的父亲知道，儿子的成功并不是单单依赖聪明和天赋，而是勤奋和努力。

小学时，丁俊晖就迷恋台球，父亲不但没有反对儿子，反而支持儿子打台球。为了让儿子打好台球，1998年，丁俊晖父子搬到广东时，每人每顿吃的是两元钱的快餐，这段时间是最艰苦的日子，但是这对父子从未放弃。

此时的丁俊晖小学还未毕业，到广东后学习了几年，2001年，丁俊晖初一还未读完时，就彻底辍学了，因为他需要更多的时间进行台球训练和比赛。通过刻苦训练，丁俊晖最终走向了成功。

丁俊晖成名后，很多媒体把丁俊晖称为"中国神童"，但在丁俊晖父亲的眼里，台球领域，勤奋远比天赋来得重要，就像昆明"丁俊晖台球俱乐部"墙上的那句话——"平凡中的坚持！成功。"

在教育孩子的过程中，经常听到家长夸孩子聪明，其实这不是一个十分明智的做法。因为聪明属于先天的特质，长期肯定孩子的聪明，会使孩子产生良好的自我感觉，使孩子对自己的认识和评价与自己的实际能力发生偏离。孩子会想："我这么聪明，肯定会成功。"于是孩子就放弃了努力，结果遭到了失败的打击。

在这方面，古代的方仲永算是一个典型。当然，方仲永最终沦为平庸并不是他自己不想学习，而是父亲高看了儿子的天赋，没有给儿子勤奋学习的机会。可见，即使再聪明的孩子，如果缺少勤奋努力，那么他也不可能成为优秀的人才。所以，家长应该让孩子明白，勤奋远远比聪明更重要。

1. 帮助孩子树立勤奋铸就成功的观念

生活中，某个人获得了成功，家长可以和孩子一起分析他成功的原因有哪些，把勤奋这个关键词挖掘出来，让孩子明白，成功离不开勤奋。家长还可以找出身边一些聪明的"失败者"，告诉孩子："他们很聪明，但是没有成功，这是因为他们缺少勤奋。"

通过这样的对比，孩子很容易树立勤奋铸就成功的观念。

2. 严格要求孩子

孩子的自制力差，做事总是有始无终，培养勤奋的习惯也一样，孩子可能在某些日子比较勤奋，但是有时候却很懒惰。这就需要家长给予监督和教育。侯耀文是我国著名的相声演员，他取得杰出的成就，与其父亲侯宝林对他的严格要求是分不开的。家长应该严格要求孩子。

3. 对孩子循循善诱

孩子的意志和毅力总是不如成人，为了让孩子养成勤奋的习惯，家长不妨采用循循善诱的办法——有步骤地引导孩子去学习。循循善诱要注意几个问题：一是培养孩子在学习方面的基本功，比如一定的基础知识；二是适时教育，引导孩子在有学习欲望的时候勤奋学习；三是注意适量，孩子毕竟是孩子，不要以成人的标准去要求孩子，不要让孩子承受过大的学习负担；四是家长态度要平和，引导孩子养成勤奋的习惯要有一颗平常心，不要急于求成，否则会适得其反。

4. 通过劳动促使孩子勤奋

勤奋不仅表现在学习上，更表现在工作和劳动上。因此，家长要有意识地通过劳动来培养孩子勤奋的好习惯。这就要求家长给孩子做好榜样，要勤奋工作，勤于做家务，千万不要成为懒人；家长还可以给孩子设立劳动奖励标准，比如拖地1元、收拾自己的房间 5 元、洗碗 10 元等。同时，告诉孩子想要零花钱就得通过自己的劳动去挣，如果孩子想要更多的零花钱，他就得通过自己勤劳的双手去干更多的活儿。这样就能让孩子懂得，只有勤奋劳动才能有收获，懒惰的人是什么也得不到的。

不要扼杀了孩子的创造力

　　孩子的想法总是让家长捉摸不透，很多时候孩子的新奇想法往往被家长认为是胡思乱想、不着边际，没有什么意义。殊不知，孩子的新奇想法体现了孩子的创造性思维能力，如果家长对孩子的"怪想法"表现出不认同，甚至是批评孩子胡思乱想，就等于无形中给孩子的思维套上了枷锁。

　　夏日的一天，晚饭之后，爸爸和儿子在院子里纳凉，爸爸问8岁的儿子："儿子，你知道人体哪些部位是对称的吗？"

　　儿子想都没想便说："眼睛、耳朵、鼻孔、手、脚、腿都是对称的。"

　　说完这些，儿子停顿了一下，爸爸问："还有吗？"

　　儿子抓抓脑袋，说："爸爸，我的两个小蛋蛋是对称的。"

　　爸爸大惊失色，急忙制止了儿子，并严肃地说："谁叫你胡说八道的。"

　　还有一次，爸爸带着儿子到郊外游玩，路上爸爸触景生情地说："春天是美好的，因为春天有和风细雨、花红柳绿。"

儿子接过话题，说："春天真有那么好吗？春天细菌繁殖旺盛，春天容易患感冒，春天的雨淅淅沥沥下个不停，烦死人；春天忽冷忽热，搞得我不知道穿几件衣服。"

结果，爸爸呵斥儿子"不准胡言乱语"，并给儿子讲了许多赞美春天的文章以及春天的寓意。

虽然孩子的想法很怪异，很离奇，很幼稚，但是孩子童真的想法是全新的，有时候会让成人感到不可思议。孩子的大脑和思维就像一张洁白的纸张，随时可以绘出看似杂乱无章的图画。只要家长细细品味，就会发现孩子的"怪想法"并不荒谬。

要知道，正是喜欢"异想天开"的孩子，才是最有创造潜力、最具发展前途的人。许多伟大的发明家在小时候热衷于奇思妙想，正是因为有独特的思维，习惯于漫无边际地想象，才能得出与众不同的"怪想法"。所以，父母不能嘲笑孩子的"怪想法"，而应该给孩子更多的认可和赏识，并试着请孩子解释一下他的"怪想法"。相信这一定是一件非常有趣且充满快乐的事情。

培养孩子正确的竞争意识

物竞天择，适者生存。

对于孩子来说，从小培养竞争意识是十分必要的。因为现在的社会竞争日益激烈，如果孩子没有竞争的意识和实力，是很难在社会上立足的。

所以，家长要从小培养孩子的竞争意识，让他凭借自己的实力以正当的方式与他人竞争，让孩子在竞争中使自己变得强大、优秀。

由于孩子的生理和心理都还不太成熟，家长在对孩子进行竞争意识教育时，不能只是采取单纯讲道理的方式，这样，孩子很难对竞争有正确的认识。首先应该让孩子对竞争有一个正确的了解，然后帮他找一个合格的竞争者，让孩子在正确的竞争过程中，对竞争有一个全面而科学的认识。

1. 培养孩子正确的竞争意识

这天，9岁的典典一回到家，把书包往沙发上一摔，就对爸爸抱怨道："爸爸，今天我们班级组织了数学测试。我考了91分，而我的同桌却考了满分。平时我的成绩都比他好，但他这次却比我高出了9分。哼！他一定是作弊了。我明天就告诉老师。"

爸爸其实也听出来了，典典明显是在嫉妒同桌，于是就对他说："孩子，你这样做是不对的。既然你的同桌考了满分，就说明他平时学习认真、努力。你应该向他请教学习的方法，然后通过自己的努力来超过他。不能因为嫉妒同桌，就诬陷他作弊。你懂得跟同学竞争固然是好事，这说明你有积极进取的精神。不过，你应该采取正当的方式来与同桌竞争，你说是吗？"

孩子听后说："爸爸，我知道错了。我明天就向同桌请教学习的方法，并且我以后学习要比他还认真、刻苦。"

当典典因为嫉妒同桌而说同桌作弊时，爸爸并没有直接对他发脾气，而是对他晓之以理，让他明白竞争不等于嫉妒，使他对竞争有了一个正确的认识。

其实，很多孩子对竞争和嫉妒这两个概念没有明确的认识，经常混淆，而若不及时加以纠正，孩子就很容易产生自私、狭隘的心理。所以，当发现孩子把竞争和嫉妒混为一谈时，家长就需要及时加以纠正和正确引导，逐渐培养孩子正确的竞争意识。

2. 给孩子找一个合理的竞争者

10岁的畅畅学习成绩属于中等水平，班里有50个人，他总是排在第二十五名左右。每次看到畅畅的成绩，爸爸总是说："你怎么总是排在第二十五名左右？跟你一起玩的王晓不是总考第一名吗？一样的学习，你怎么就是不如他呢？下次，你必须给我考第一！"

结果，畅畅不仅没有考上第一名，反而却下滑到了第三十五名。

俗话说："不想当将军的士兵不是好士兵。"这句话就是提醒我们要不断积极进取。但是家长以这种观念来教育孩子，不管孩子的成绩好坏，都让他考全班第一、年级第一，这是不切实际的。

所以，家长要改变观念，以孩子自身的客观情况为依据，认清孩子所处的位置，给他找一个合理的竞争者。例如，如果孩子的成绩排名是第三十名，家长就可以让他向第二十五名学习，通过自己的努力超越他；如果孩子成绩排名是第五名，家长就可以让他向第二名或第一名学习；等等。

3. 让孩子战胜自我

竞争主要分为两种：横向竞争和纵向竞争。其中，横向竞争是指与他人的竞争，力求超越他人；纵向竞争是与自己竞争，让今天的自己战胜昨天的自己，力求战胜自我，超越自己，使自己不断进步。

众所周知，一个人最大的"竞争者"不是别人，而是自己，唯有克服心魔，不断战胜自己才是最大的胜利。所以，家长要教育孩子敢于挑战自己，战胜自我，逐步实现自我升值。例如，孩子今天背会了 3 个英语单词，家长可以让孩子明天背 4 个或 5 个；孩子今天用一种方法算出了习题，家长可以让他明天用另一种方法找到答案；等等。

让孩子对学习充满信心

　　张扬是个小心谨慎的孩子，和他的名字正好相反，他的性格一点儿也不张扬。

　　平时，张扬做家庭作业都要检查三遍，而且这种习惯也延伸到了张扬的生活中，出门锁门都要多次确认才放心。到了考试，一下考场就忙着和同学对答案，一旦有出错的地方，就整个人都泄气了似的。长此以往，他的精神受到了极大的压力，学习成绩也下降了不少。他对学习再没有一丁点儿信心，认为自己肯定学不好，从一个极端走向了另一个极端。

　　针对张扬的问题，我们先来看一个现实生活中成功的例子。

　　安徽省高考状元，现在是清华大学学生的戴洁在介绍她的学习经验时说道：

　　"我的母校是安徽省太和县一中，在外地几乎无人知晓，但在县内却是名副其实的'高等学府'。1993年中考后，与往常一样，多少学生削尖了脑袋想钻进一中。为了照顾本校初中毕业生，学校高中部增加了5个录取名额。这样有一个女孩如愿进入了一中——她是我高中三年级最好的朋友，一个对我进入清华给予了巨大帮助的朋友。一进高中，第一次考试，她名列全班倒数第二名，一年之后她跻身于班级前100名；两年以后，她已经位居全班前10名，年级前30名；最后一次模拟考试，她以全班第三名的成绩让所有人震惊。而我，清清楚楚地知道她曾是一中的'编外人员'，曾是倒数第二名。她说过：'我不信我会永远垫底，我相信别人能做到的，我也一定能做到，我不着急，终究有一天我会摆脱困境。'她说得多好啊！她现在已是一所著名院校国际金融系的学生。

"我之所以多次介绍她的事迹，就是想告诉千千万万的同学们，相信你们自己的力量，相信你也可以创造辉煌。正如一场体育比赛，如果你赛前就已经弃权了，那么你无疑是输家，因为连你自己都不相信自己，你输定了！如果你给自己一搏的机会，人的潜能是无限的，你会得到意想不到的好成绩。"

如果张扬小朋友看到戴洁介绍的她同学的故事，一定能感悟到相信自己是很必要的。现在的小朋友多是独生子女，骄纵任性，受不得一点挫折，最大的敌人就是他们自己。所以说，要相信自己一定能行，不要还未上场，就弃权。

那么，怎样才能帮孩子树立信心呢？做到这一点，家长必须要认识到：人的潜力是无穷的，人类远远没有把自己的潜力挖掘出来。

大家知道美国国会图书馆藏书有 1500 多万册，但它的信息量只有一个人大脑可记忆知识的 1/50。还有人估计，人脑记忆的可能容量相当于全世界图书馆藏书的信息总量。苏联的一家杂志说："如果我们能迫使我们的大脑达到其一半的工作能力，我们就可以轻而易举地学会 40 种语言，将一本苏联大百科全书背得滚瓜烂熟，还能够学完数十所大学的课程。"

美国心理学家奥托认为："在正常情况下，一个人所能发挥出来的能力，只占他全部能力的 4%。"可知，一个人的潜力有多大！

而一些孩子的成绩差，学习能力也差，并不是真正的差，只是他们不知道自己有潜力可挖，是他们没有认真读书而已。如果他们知道自己有潜力可挖，如果他们能认真读书，他们的成绩肯定可以很快提高起来。根据脑科学的研究，一般人的大脑是没有什么区别的。爱因斯坦大脑左右半球的顶下叶区比常人大 15%，那仅是个别现象，全世界到目前为止，还只有一个爱因斯坦。由此说明，一个孩子成绩差，只要他努力，成绩完全是可以提高的。

家长在让孩子明白了自己的潜能之后，具体可以从以下几方面来树立孩子学习的自信心。

第一，给孩子提供一个温馨且可依赖的家庭环境，让孩子感受到父母和他是站在一起的，使孩子在遇到失败和挫折时有一个精神上的寄托和依靠。

第二，与孩子谈论将来，让孩子对未来充满美好的向往和憧憬。

第三，多发现孩子的优点和长处，孩子在学习、做事或生活自理方面即使只有微小的进步，也要慷慨地给予承认和表扬。

第四，认真分析孩子对自己的评价，如果孩子的自我评价太低，对自己的消极评价较多，那么，家长平时要多讲孩子的优点——对老师讲，当着亲戚朋友的面来夸奖，打电话时故意大声地说孩子的聪明可爱之处，让旁边的孩子能够听到——这其实是给予孩子积极的心理暗示，使孩子觉得："我行！爸爸妈妈常说我行！"另外，家长千万不要当着别人的面批评指责孩子，说"孩子这也不行，那也不行，这也不好，那也不好"。如果家长经常这样说，就是在给孩子以消极暗示，久而久之，"我不行"的念头便会在孩子的心里扎根，变成孩子的"自我设限"。

第五，对孩子的批评应该立足于帮助孩子认识错误、解决问题、纠正错误，而绝不能变成家长对孩子发脾气的过程。批评孩子应该就事论事，就孩子的错误来说明是非曲直，而不能陈年旧账一起算，把孩子骂得一无是处。

第六，引导孩子正确对待挫折和失败，引导孩子把挫折和失败当作学习和反思自己的一部分。采用讲故事的方法向孩子说明挫折和失败对人生的重要意义。

第七，鼓励孩子写日记，尤其要鼓励孩子写下自己平时最开心、最得意、最难忘的事情，这是一种使孩子自我认识和自我表达的良好途径。

第八，告诉孩子，他是最宝贵的、最值得珍惜的、最可爱的、最有发展潜力的人。不要在别人面前说自己的孩子长得不好看，不要强调孩子"挺聪明，就是马虎"。孩子正在说话时，家长不要随便打断或否定。当孩子要求家长"看我画的，看我做的，看我写的，看我跳的"的时候，是希望得到家长的肯定与赞扬，这时，家长不要表现出漫不经心、不屑一顾或敷衍了事的态度，更不要吹毛求疵，用成人的眼光挑毛病、泼冷水；而应该认真欣赏孩子的作品或表演，并给予真诚的赞美和肯定。

第九，注意发现孩子的创造性和独到之处，尊重孩子的独立意愿。比如说，对有些事情，孩子要"自己来、让我来、看我的"等的时候，只要不违背原则，家长就应该尊重孩子的要求。

帮助孩子改正粗心的缺点

赵欣现在读五年级，学习还不错，但奇怪的是，他每次考试的成绩都不怎么理想，总是与第一名失之交臂。于是，他的爸爸拿来他的考试卷，与他一起分析错误的原因。分析之后发现，很多错误都是粗心所致，不是漏了一个点，就是多写了一个数。你马上再考他，他还是会，并非不懂不会。可是，无论怎样苦口婆心地教导他不要马虎，要细心答卷，赵欣还是难改粗心的毛病。爸爸很生气，真不知怎样才能纠正孩子的这个坏毛病。

考试粗心是不少孩子常见的毛病。最令人伤脑筋的是粗心会逐渐变成一种行为方式，最后演变成办什么事情都冒冒失失、粗枝大叶，最终成了一个真正的"马大哈"。

所以，家长必须要有效地认真规划，制定一些规矩，帮助孩子改掉粗心的坏毛病，而且越早越好。

1.培养孩子的知觉能力和辨别能力

孩子之所以粗心，就是因为缺乏良好的知觉能力和辨别能力。家长要提高孩子这方面的能力，就必须采取有效的办法。比如向孩子提供"找相同点"和"找不同点"的图画，让孩子去发现图画中各种细节上的变化，培养他们仔细观察事物和仔细比较事物的能力，并且要求他们把比较的结果用语言大声地讲出来，以便巩固知觉的发现。

2.训练孩子多角度思考问题

孩子的思维缺乏可逆性，很难从不同的角度思考同一问题，因此需要家长进行很具体的指导。比如将两根一样长的棒子前后错开放在孩子面前，问他哪一根长。试验表明，有的孩子说上面一根长，有的孩子则认为下面一根长。这时，家长可以诱导孩子换一个角度再看这两根棒子。说上面一根长的孩子是因为他只注意到棒子的左端，当让他同时再看看木棒的右端，他的说法可能就会改变了；说下面一根木棒长的情况则相反，孩子只注意到木棒的右端的长短，而忽视了木棒的左端。通过这个例子，要让孩子学会从不同角度观察事物。

3.让孩子学会自我监督

家长应主动帮助孩子找出发生错误最关键的地方在哪里，让孩子抄录自我提醒的"语录"。例如，将"坚决消灭错别字""不要忘记复数"等，放在自己桌子的玻璃板下，贴在作业本第一页上或者其他醒目的地方，提醒自己注意，这样有助于孩子克服粗心的毛病。

4. 让孩子在生活中体会细心的好处

如果在家长的朋友或亲戚中有人是从事精密、细致的工作的，你不妨与他们联系，带孩子去看看他们工作时的情景，好让孩子能受到启发。

养成良好的习惯

"所谓天才，是百分之一的聪明加百分之九十九的勤奋！"

平凡中的坚持！成功。

孩子，挑战一下自己，看你能不能一天记住5个英语单词！

让孩子战胜自我，竞争是与自己竞争，让今天的自己战胜昨天的自己，超越自我，使自己不断进步。

要想提高孩子的成绩，培养和提高学习能力，树立孩子的学习信心十分重要。

我就是想告诉千千万万的同学，相信你们自己的力量，相信你也可以创造辉煌。

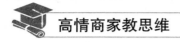
高情商家教思维

1. 您觉得您的孩子勤奋吗？您做过什么样的训练来提升和保持孩子勤奋学习？

_____

_____

2. 您觉得您的孩子有没有过异想天开的时候？您当时是怎样想和做的？

_____

_____

3. 在培养孩子的竞争意识上您都做过哪些事情？效果如何？

_____

_____

4. 您的孩子喜欢学习吗？能不能主动完成作业？您对培养和建立孩子学习信心都做了哪些工作？

_____

_____

5. 对于粗心的孩子，您是不是只是说说孩子？您都提供过哪些有效的方法去帮助孩子纠正？

_____

_____

6. 您觉得还有哪些好习惯需要孩子去养成？试着制订一个计划。

_____

_____

_____

第六章

面对面教规矩，教孩子怎么与人相处

培养孩子的交际能力

人不能生而无群。一个不会交朋友的孩子，当他越来越大，尤其自我意识越来越强时，由于缺乏周围人群的喜欢和认可，在各个方面都会产生很大的挫折感，易导致自卑、孤独甚至自闭，出现人格扭曲，影响以后的学习和生活。根据对大量人才素质的研究，聪明并不是成才的主要因素，待人处世的态度和能力在很大程度上影响着一个人的聪明才智的发挥。

因此，培养孩子的交际能力很重要。

人际交往是社会化的核心。社会是由人构成的，孩子在发展过程中必定要与他人发生交往，形成直接的面对面的人际关系。良好的人际关系，不仅能给人生带来快乐，而且能帮助人走向成功。而现代社会，独生子女常常由于缺乏兄弟姐妹和自然交往的伙伴，周围环境的封闭，得不到同龄伙伴的友情和亲密的邻里互助的机会，因而变得孤独、忧郁不安、不善交往。

所以，孩子从小就必须学会交朋友，逐步提高人际交往能力，从而适应社会的需求。幼儿期是交际之始，小学期是巩固和发展阶段，待小学毕业时孩子的交际能力的强弱已经非常明显了。

家长要鼓励孩子多与邻居、长辈、亲友、同伴等各个领域不同的人群去主动交往，要让孩子对周围的人感兴趣、不怕生、不退缩。孩子自出生后，就是一个社会实体，社会交往是儿童生活活动的基本形式。因此，家长就应该为孩子从小创造交往的机会，并适当地指导孩子交往的方法。

孩子毕竟是孩子，在与小朋友交往的过程中，难免会出现各种各样的问题，此时家长应该细心观察，给予指导。孩子之间出现摩擦或者裂痕，家长应该了解原因，做出分析，指导孩子化解矛盾。

有人曾形象地把独生子女比作家中的"小太阳"，几代人都围着"太阳"转。因而许多孩子从小就形成了以"自我为中心"的心理特点，他们常常只想到自己的需求和愿望。因此，同伴之间发生矛盾是不可避免的，而只有有了矛盾，他们才会反思和改变自己的交往方式，从而学会协商、轮流、合作等方法。所以家长对孩子之间的矛盾要注意多冷静观察，适当提供些建议，但不要过分干涉，尽量帮助孩子克服以自我为中心的情况发生。千万不要轻信孩子的一面之词，急于介入纠纷，扩大矛盾。

事实证明，凡是善于处理人际关系的人，走到哪里都会受到大家的欢迎，他们的才能也可以得到充分发挥，他们所在的群体更容易产生合作精神、活跃的气氛和热情互助的情境。随着社会的发展、素质教育的推广，家长应从小就注重孩子人际交往能力的培养。

大人在单位，如果同事关系不好，就很难愉快地工作，甚至还会把坏心情带回家。孩子大部分的时间在学校，如果和同学、老师关系不好，与人有了矛盾冲突，不知道怎样处理，孩子就很难快乐起来，也很难保持好的学习状态。

家长应当教给孩子正确的为人处世规矩：在不影响别人的情况下，爱做什么做什么；在不伤害别人的情况下，想说什么说什么。这个规矩的前提就是一定要尊重别人。

教孩子一些社交技巧

爸爸带着军军去公园，军军看见一个与自己差不多大的女孩正在荡秋千，自己也想玩，但因为只有一个秋千，所以他只有等待。过了一会儿，秋千上的那个孩子手里的东西掉了下来，她就停下秋千去捡。军军急忙走上前，坐上了秋千。

那个女孩转身看见军军占了秋千，就与他争抢起来。军军看了爸爸一眼，想起他日常教导自己与人相处的方法，于是停止了争夺，说道："我在下面等很久了，让我玩一下，一会儿我就下来让给你，咱俩轮流玩好吗？"

那个女孩想了一下答应了军军，两人就这样轮流荡起了秋千，相处得很是融洽。

孩子与伙伴在一起，才能满足与人交往的心理需要，学会与他人和平交往和相处的技巧，也为将来的良好人际关系打下基础。如果孩子不能融洽地与伙伴相处，不但不能满足其心理需要，也会影响孩子的发展，对今后的成长很不利。

但是，有很多孩子都不能与同龄伙伴很好相处，往往原因出在家长那里，有些孩子是因为从小家人十分娇惯，要什么给什么，成了家中的小霸王。这样任性的孩子自以为是、唯我独尊，没有一点儿与人交往的技巧，因此很难融入小伙伴之中；还有一些家长，怕孩子与别人玩受到伤害，因此尽量避免让孩子出去，不愿意让孩子单独与别的小朋友交往。这样，孩子因为与小伙伴接触得少，没有什么经验，和小伙伴在一起时容易出现矛盾，导致出现与人交往的恐惧心理，因而变得退缩、不愿意与人交往。

因此，家长需要经常同孩子一起玩耍，在玩乐中传授给孩子一些社交的技巧，比如让孩子学着使用别人易于接受的方式与小伙伴交往，告诉孩子别人的东西不可侵犯，鼓励孩子与小伙伴一起嬉戏，等等。

孩子掌握了与人相处的技巧，懂得了交际中的规矩，再通过与小伙伴一起玩耍的实践，社交能力自然就会提高，从而能够赢得和谐的人际关系。

1. 教孩子学会礼貌地与人交往

文明礼貌是孩子与人良好相处的敲门砖，因为任何人都喜欢文明礼貌的孩子，都愿意与这样的孩子交往。所以，家长首先要教孩子学会礼貌待人，告诉孩子不要自以为是，不能唯我独尊，与人相处时不能有粗鲁的言语与行为等，这样孩子才有可能与别人愉快地相处下去。

2. 告诉孩子不要侵犯别人的自由

任何人都不希望别人干涉、限制自己的自由，孩子也不例外。

芸芸玩游戏上了瘾，想让胖胖再陪自己玩一遍，但胖胖饿了，要回家吃饭，芸芸不让，坚持要胖胖再陪自己玩一会儿，并且强行把门给关上了。胖胖打不开门，很不情愿地陪着芸芸又玩了一会儿，但自从发生了这件事情之后，胖胖再也不愿意与芸芸一起玩了。

芸芸因此很伤心，爸爸告诉她不能侵犯别人的自由，还指出这种情况下该如何去做。以后，芸芸再也不强行让别人做自己不愿意做的事情了。

家长教孩子学着尊重别人的选择，不去侵犯别人的自由，这样能够减少孩子与别人发生矛盾的概率。

3. 教孩子不要与别人斤斤计较

每个人做任何事情，都有不如意和不妥当的地方，朋友也一样。如果对朋友的每句话、每件事都要斤斤计较的话，就会影响彼此之间的交往。所以，家长要教孩子学着大度、宽容，不要因为朋友偶尔说错一句话就记在心中，也不要因为朋友做错了一件事就断绝往来，等等。

家长应该告诉孩子谁都有出错的时候，给予别人谅解，不去斤斤计较，才会拥有更多的朋友。

4. 鼓励孩子展露真实的自己

虽然人人从本能上都倾向与各方面都表现完美的人交往，但实际上人无完人，每个人都有自己的缺点、不足，与其在与别人的交往中有意掩饰、隐瞒自己的弱点，不如展现真实的自己，坦然承认自己的不足之处，这反而更有利于彼此的交往。因此，家长要鼓励孩子学会在朋友面前展露真实的自己。

5. 让孩子学会表扬、赞美别人

家长教孩子多去看别人身上的优点，并且给予诚挚的赞美，这是人与人之间交往融洽的润滑剂，能够加深彼此的友谊。

小双是个爱挑剔的孩子，总喜欢看别人的缺点，因此与别人的关系很一般。后来，爸爸平时有意识地多表扬小双，并且让她说出听到表扬时内心的感受，然后让小双也学着去赞美别人。小双从爸爸的表扬中感觉到了愉快，也试着用此法与别人交往，结果与很多伙伴都成了朋友。

任何人都喜欢得到别人的夸奖、表扬，也会对赞扬的人表示自己的好感，孩子如此做，就会很轻易地获得友谊。

6. 鼓励孩子多与人交往接受锻炼

孩子只有多与别人交往，多与不同的人相处，才会不断地调整自己，以更加适合的方式与别人交往。因此，家长要尽可能多地给孩子提供这样的机会，使孩子多与别人交往，让孩子在与别人的相处中接受锻炼，这样有利于孩子交际能力的提高。

为孩子创造交际的环境

　　小岚今年已经15岁了，性格十分内向，平时不喜欢说话，在人多的时候表情就不自然，心里也更紧张。小岚不善于结交朋友，也没什么朋友，只要放学回家就待在屋子里看书，没有什么同学找她，她也不找别人，成天待在家里。有时候爸爸看到她学习挺累的，就叫她出去找同学玩会儿，可是她却说："找谁呀？没人可找。"看着闷在家中的小岚，爸爸非常着急。

　　在不鼓励子女进行社会交往和不注意非智力因素培养的家庭中，孩子往往在社交上存在问题，他们处处退缩，不去做和别人沟通的任何尝试与努力，只是被动地等待友谊的到来，结果朋友寥寥无几。小岚的情况就是如此。

　　从心理学的角度分析，这种自我封闭型的交往方式主要由以下几种情况引起。

1. 由于性格原因造成

这些孩子愿意与他人交往，但性格内向孤僻，比较害羞，不知如何主动与他人相处，只是较为被动地应答他人的行为，内心世界不为他人所了解——虽然他也愿意甚至渴望得到理解。

2. 由于独立意识过强造成

这类孩子认为"事事不求人"或"一两个朋友足矣"。他们觉得靠自己的个人力量足以处理好一切事务，不需他人的友谊和援助。

3. 由于过于看重个性所造成

这类孩子认为"如果为了使相互之间的关系融洽而彼此适应对方，就是抹杀了自己的个性"。

4. 由于否定友谊所造成

这类孩子认为"人心难测，朋友难交"，怀疑朋友之间不会有真正的友情。

家长可以和孩子谈谈，看看他属于上述四种情形中的哪种情况，然后对症下药。事实上，对于第二种和第三种原因，家长不必着急，因为他们不是找不到朋友，而是他们觉得不必要，当他们需要时，他们自然就找到了。第四种原因下的交往封闭，改变起来比较困难，正所谓"一朝被蛇咬，十年怕井绳"。那么只有在第一种原因下，孩子渴望与人交往、沟通，而当没有朋友时，他们便会比较伤心。

由于现在许多家庭都只有一个孩子，生怕孩子被人欺负，因此，父母几乎把所有的事都揽到自己身上，这样就限制了孩子与他人接触的机会，逐渐造成孩子的社交障碍。长此以往，会让孩子逐渐脱离群体，不懂如何与人相处，无法开口说话，甚至还会让孩子被其他孩子孤立起来，无法适应学校与社会的生活。这样，孩子往往会养成刁钻、古怪、孤僻的性格。

家长应该多给孩子提供社交的条件，比如，多带孩子外出，让孩子接触到各种各样的人，鼓励孩子主动与邻居、周围的人打招呼，给孩子一个适应的过程，长此以往，孩子就不会因为见到陌生人而感到害怕了；还可以让孩子打打电话，多叫一些同学、朋友来家里聚会，像小主人那样招待来客；去别人家做客时也可以多提供让孩子说话的机会。总之，父母应该为培养孩子与人交往的能力提供条件。

孩子需要有机会与个性不同的孩子交往，互相影响、取长补短，以弥补自己的不足。例如：孤僻的孩子需要交开朗的朋友，过分受到保护的孩子需要交自主性较强的伙伴，胆怯的孩子需要和较勇敢或富于冒险精神的孩子在一起，幼稚的孩子能从和比较成熟的伙伴的交往中得到益处，霸道的孩子可以由强壮而不好战的玩伴来矫正，等等。从这个意义上说，应当鼓励孩子与人交往。

家长应该怎样为孩子创造良好的交际环境呢？下面是一些具体的步骤。

（1）可以先带孩子在人多的地方逗留一段时间，并且引导孩子观察周围的人与事，这可以将孩子从个人小世界里拉出来，置身于他以前不愿、不敢待的环境里。

（2）让孩子自己出去，到家长曾经和他一起去过的地方待一阵，买回一件物品，并且回家后，让孩子说说他的所见所闻。

（3）引导孩子阅读一些有关基本沟通技巧方面的书籍和文章，如怎样和人打招呼，怎样和人开始谈话，谈话的礼貌，等等。

（4）让孩子向陌生人问路，包括向年长的、年轻的和年龄较小的同性和异性问路。特别是要完成一次向年轻英俊漂亮的异性问路和一次向看起来并不和善的人的问路。

（5）让孩子到某家市场询问一种蔬菜或其他物品的价格。

（6）买一种商品，然后让孩子自己去退货。退成退不成无关紧要，重要的是训练孩子敢于并能够向店方陈述理由。

注意：每完成上述一个步骤，都要让孩子写成感想，分析一下自己运用前面所学的沟通技巧的情况，总结自己的长处和不足。对于长处，要让孩子在以后的行动中坚持下来，而对于不足要通过再一次的"补充练习"加以纠正，直至基本克服为止。

（7）让孩子主动向同学请教问题，参与同学的聊天。家长应告诉孩子：刚开始可能不太会说，没关系，只需耐心地倾听就够了。等一段时间后，让孩子也适时发表一下自己的见解。家长可以和孩子晚上有准备地看一场球赛，或从报纸上记下一个有趣的新闻，第二天则用它来参与聊天。最后，家长还可以动员孩子主动去找同学玩或者主动发起聊天。

通过上面完整的训练计划，孩子一定能够变得乐于和人交往，变得开朗、外向起来。所谓交际中应当遵守的规矩，孩子就会在深深的体验中逐渐掌握了。

在处理争执中学习规矩

笛笛和萧萧都满7岁了，同上小学一年级。据老师反映，这两个孩子都属于个性比较强、不太听话、坐不住的类型。笛笛的个头虽然矮小，但却十分调皮；萧萧个儿高一些，但要老实点。平时两个人还玩得挺不错的，虽然在一起时总爱小打小闹，但老师也能及时制止。

这一天，放学后，好多小朋友都想在学校中多玩一会儿，来接孩子的父母只好等在旁边。这时，突然从滑梯上传来吵闹声，正是笛笛和萧萧。

"我要先滑！"笛笛大声叫嚷。

"应该我先滑！"萧萧也没有好声气。

只见两个人嘴里一边嚷着，一边互相推来推去，互不相让。笛笛虽然个头小，却一点不弱，一把将萧萧推到了旁边，自己先向下滑去。萧萧当然也不甘示弱，也紧跟着滑了下来，在笛笛还没有站起来之前，撞了上去。这一撞把笛笛一下就撞到了地上，笛笛一边哭着从地上爬起来，一边就冲向了萧萧。于是，两人扭打在了一块儿。

笛笛的爸爸看到自己的孩子被人欺负，一团火顿时从心中升上来，冲过去一把将萧萧拉开，凶巴巴地对萧萧说："你这孩子怎么这样没教养！把别人撞倒了不说，还要打人。真是的！"

萧萧看见大人显然吓坏了，怯生生地回答说："是笛笛先推我的。"

"你这孩子，小小年纪，打了人还要狡辩。"笛笛的父亲絮叨着。

萧萧的父亲突然看见自己的孩子正被一个大人数落，心里很不是滋味，气愤地冲笛笛的父亲嚷嚷："你这么大个人了，怎么跟小孩子一般见识？冲他嚷什么呀！"

"你眼睛长到哪里去了？没看见是你的孩子在打人吗？"笛笛的父亲横眉冷对。

"那又怎么样？怕被人欺负就不要让他出门啊！没素质！"萧萧的父亲也不甘示弱。

为了孩子间的一点小打小闹，两个大人却在那里吵得天翻地覆的，最后竟然还你推我搡的了，把两个孩子吓得呆呆地站在一边不知怎么办才好。幸好几位老师及时来了，才将事情平息下来。当两个父亲还在生闷气的时候，两个小东西却早已重新爬上滑梯，又高兴地玩起来了。

在处理孩子与孩子间的矛盾上，家长一定要注意方法，过于疼爱和过于严厉都是不可取的。因为对孩子的迁就与疼爱而去替他撑腰，很容易助长孩子的攻击性，使孩子养成欺负弱小的坏习惯。而对孩子太严厉也不能收到很好的效果，因为，孩子也有自己的感受，如果他的委屈得不到发泄，很容易造成心理扭曲，这样不仅伤害他们的自尊心，还让孩子没有自我保护的意识，从而变得胆小懦弱，并损伤他的人格，导致他遇事不能自己处理。所以，家长一定要注意把握一个度，既要把矛盾处理好，也要让孩子在争执中得到学习和提升，知道相处之中的规矩，让孩子的生理与心理都能健康地成长。

怎样教孩子正确处理小朋友之间的争吵和打架呢？

1. 孩子产生自卫心理时，引导孩子做出正确的选择

孩子在被人欺负后心里会很不舒服，就想立即讨回自己的损失，从而转化为动手。这是孩子的一种自卫心理，大人要让孩子树立自我保护的意识，但却要教育孩子不能动手打人，更不可主动去攻击别人。在这件事上，笛笛的爸爸就做得欠妥。当他看到儿子被撞后，不是给予安慰而是去责备别人家的孩子。如果发生这种事情，可以将自己的孩子拉开，问问他的感受或替他说出感受，让孩子明白父母是知道他的感受的。接着就要做正确的引导了，比如家长可以说："他撞了你，你很疼，那你打了他，他不也同样会很疼吗？"孩子从中找到平衡，很快就会将一切丢到脑后，愉快地玩耍了。

2. 让孩子认识到自己的错误，并学会主动道歉

萧萧的爸爸要做的就是要让孩子知道不管是谁先不对，但撞人本来就是不对的。就算是无意的，也应带孩子去向别人道歉，

可以对孩子这样说："我知道不是你先动的手，可后来你却把人家撞疼了，这就是你的不对。去跟小朋友道歉，好吗？做好朋友不是更好吗？"孩子是会接受家长的建议的。

3. 以平常心对待孩子之间的摩擦

孩子之间是很容易起摩擦的，这不值得大惊小怪。家长不要对此斤斤计较，在问题不是很严重的情况下最好不要插手。说不定这样更有助于孩子间的友谊，促进对彼此的了解，从而成为好朋友。如果问题比较严重，家长也只宜采取劝阻的方法，不要去添油加醋，从而促进矛盾的进一步恶化。最好能将自己的孩子带走，对他进行安抚以及引导。

学会与人相处

孩子与伙伴在一起，才能满足与人交往的心理需要，学会与他人和平交往和相处的技巧，为将来的良好人际关系打下基础。

孩子之间是很容易起摩擦的，这不值得大惊小怪。

在处理孩子与孩子间的矛盾上，爸爸一定要注意方法，过于疼爱和过于严厉都是不可取的。

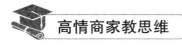

高情商家教思维

1. 您的孩子人缘如何？善于与人交际吗？

2. 作为父母，在培养孩子社交技巧与技能的方面您都做了哪些工作？效果如何？有没有提升和改进的方面？

3. 您的孩子有没有社交恐惧症或者自闭症的倾向？您有没有制定可行的办法帮助孩子改变这种现状？

4. 如果孩子与别人发生了争执，您是怎样引导孩子的？

5. 您希望您的孩子在为人处世、待人接物方面达到一个怎样的境界？请和孩子一起制订一个计划，并去实施。

规矩有空间，教孩子学会自立自强

让孩子学会自己做事

现在流行一句口号："一切为了孩子，为了孩子的一切！"

比孩子能干的家长，出于爱子之心，恨不得为孩子做一切事情。他们处处照顾孩子，更是时时保护孩子。由于家长太"能干"了，以至于剥夺了孩子锻炼自我的机会。在这些"勤快""能干"的家长身边，大多是依赖性强、娇生惯养、缺乏独立能力、缺乏挑战精神的孩子。他们有着共同的特点，那就是懒惰、怕吃苦、自理能力差。

通过调查显示：低年级学生 33% 不会洗脸，37% 不会穿衣服，71% 不会扫地，97% 不会整理书包；高年级学生 92% 不刷碗，95% 不整理房间，93% 不会做饭。

那么，是这些孩子一开始就不愿意自己做事吗？其实，这些孩子大部分有过尝试的愿望，但家长往往在这时把这种自立的思想萌芽给扼杀掉了，而且都有各种理由。

"孩子还小，自己哪能做好，还不如咱大人代劳，反正也不费事。"

"做饭？得，别回头把房子点了，我可不放心。"

"正长身体，累坏咋办，就这一个宝啊，咱有条件犯不着吃苦，有保姆不用还闲着啊。"

"自己小时候就什么都干，怎么忍心让孩子受委屈，咱能做的就替他做了吧。"

"他把学习搞好就行了，啥活儿也不需要他干。"

这些是在和家长沟通中听到的一些对不让孩子动手的解释。让孩子做自己力所能及的事，对他们是有百利而无一害的，怎么就不行呢？而我们经常会看到这样的场景：

场景一：

一个平常的日子，一所普通的小学，门口却站满了拿着扫帚、抹布、铁锹等工具的学生家长。这是干什么呢？一问才知道，今天学校要大扫除，要求学生带工具来打扫卫生。于是乎，家长请假的请假、旷工的旷工，出马上阵，卷袖子干起来。孩子呢？或站旁边观看，或干脆跑到操场上玩去了。

场景二：

一个普通的家庭、一个普通的孩子和妈妈。妈妈劳累了一天，回家后第一件事是先看孩子是不是在写作业，然后忙着做饭，招呼一家人吃饭。孩子刚一吃完，马上催孩子接着写作业，自己一个人收拾了餐桌，便也坐到孩子身边，看着孩子学习。孩子忙完了，妈妈则麻利地打来洗脚水，看着孩子洗脚，然后帮孩子把脚擦干净，端盆走的时候顺手把孩子脱下的袜子带走，搓洗干净。转身进孩子卧室整理床铺，将孩子第二天要穿的衣服找出来放在床头，然后唤孩子睡觉。孩子躺下了，妈妈则为孩子整理书包……

场景三：

某文化宫舞蹈教室里乱哄哄的，大人孩子忙成一团。要上课了，需要换舞蹈服，结果所有的孩子都笔挺挺地站在那里，任由家长扒下自己身上的羽绒服、毛衣、毛裤，然后套上舞蹈服、穿上舞蹈鞋。有的家长手脚慢了，孩子一脸不耐烦地催促："能不能快点啊？真慢！"下课的时候，照样又是一通忙活……

以上列举的这些场景，既普通又常见，相信很多家长看了会莞尔一笑：这不就是说我吗？

在培养孩子自理能力的过程中，家长首先要知道，小孩子在一岁半以后就有了自己做事的欲望。他们什么都想试试，有时候要做的事情超过了自己的能力，可还是很有兴致。我们应该抓住这个机会，有意识地培养孩子的自理能力。忽略了这一点，错过了这个时期，孩子就会渐渐形成依赖心理了。

任何能力和习惯的培养，幼儿期都只是一个过渡，关键是小学期的巩固。给予孩子必要的信任，让他们坚持"自己的事情自己做"。通过这样的自我服务，既可以不断提高孩子的动手能力，又可以培养他们的责任意识，同时还能增强他们的自信心，在做事的过程中掌握日常生活中的规矩，何乐而不为呢?

规矩从独立生活中体验形成

　　家长应该明白，能代替孩子一时，却无法代替孩子一世，生活中的规矩，需要在体验中形成。早日放手，让孩子独立地去走路、去面对生活，才是对孩子最理智的爱。给予孩子的最美好的东西就是教会他们生存和生活的能力，而不是满足、娇惯或溺爱、放纵，这样才能给孩子一个健全的人格和自信的人生。

　　美国一位名叫詹姆斯的父亲，在孩子很小的时候就有意识地培养孩子的独立生活能力。他和妻子从来不管儿子的作业，也从不陪着儿子学习。在儿子上小学的时候，詹姆斯先生就给儿子灌输这样一种观念——学习是自己的事，将来有没有出息也是自己的事。詹姆斯把学习的任务交给了儿子，也把自由交给了儿子。

　　每天，儿子基本上在学校就把家庭作业做完了，如果在学校没有把作业做完，他回家第一件事情就是做作业。詹姆斯规定儿子必须晚上九点钟之前睡觉。有一次，儿子因为贪玩忘了写作业，到睡觉的时候才想起来，但是詹姆斯对儿子说："作业没做完明天你再想办法补上，但是现在是睡觉的时候，你必须睡觉。"第二天，儿子被老师批评了，从那以后儿子再也没有耽误过学习。

除了学习，在其他方面只要是孩子应该做的，詹姆斯从来不越俎代庖，有时候妻子怕孩子吃苦，还会帮着儿子做，但是詹姆斯会制止妻子。比如叠被子、洗袜子、刷鞋子、拖地等家务劳动，詹姆斯都要求儿子自己去做。

教导孩子独立、自理是家长不可推卸的责任，而"无为而治"不愧是一种好方法。我国著名教育学家陈鹤琴先生说过："凡儿童自己能够做到的，应该让他自己做；凡儿童自己能够想的，应该让他自己去想。"这句话道出了培养孩子独立生活能力的重要内容。

在德国，6 至 10 岁的孩子要帮助父母洗碗、扫地和买东西；10 至 14 岁的孩子要参加修剪草坪之类的劳动。在美国，一岁多的孩子基本上都是自己吃饭，几乎看不到父母端着饭碗追着孩子喂饭的情景。

然而，如今我国多数独生子女家庭，孩子从小就生活在父母的精心呵护之下，家长如何做到正确的放手，培养孩子自己动手、独立生活的能力，是一个关系到孩子一辈子幸福的事情。

1. 要有耐心，不厌其烦

这对很多家长来说是一个考验。例如：教孩子自己穿鞋、系鞋带，家长要先教给孩子正确的方法，然后耐心观察，并及时鼓励孩子。这比家长亲自给孩子穿鞋、系鞋带要麻烦很多，又费时间，有些家长可能就不耐烦了："算了，算了，还是我帮你吧！"但是，殊不知孩子的独立生活能力就是通过这样的生活小事慢慢训练出来的。

2. 讲究方法，由简到繁

家长在训练孩子独立生活能力的时候，可以先训练孩子简单的动作技能，再逐渐过渡到复杂的生活技能的训练。比如，在训练孩子独立吃饭时，两岁时教孩子用小勺吃饭，两岁半时可以教孩子左手扶碗，右手拿勺自己独立吃饭，还要教他用双手拿着茶杯喝水，饭后用餐巾擦嘴。到了三岁，孩子就能顺利地、干净利落地吃完一顿饭。

3. 让孩子学会分担家务

家长可以晓之以理，让孩子知道为了使家庭生活得更美好，家里很多家务都应该尽自己的一份力；让孩子知道父母是很辛苦的，孩子也应参加力所能及的家务劳动，比如洗菜、打扫卫生、擦桌子、收拾碗筷等，再给予必要的肯定和赞扬，就能逐渐使孩子养成劳动的习惯。

4. 给孩子提供独立生活的机会，让孩子独自接受生活的锻炼

造成孩子失去独立生活能力的最根本原因是家长对孩子的过分保护。许多生活现象证明，孩子的成长需要锻炼，家长需要给孩子一点独立生活的空间。如果家长多给孩子提供独立生活的机

会，坦然地放手让孩子接受生活的锻炼，那么孩子就很容易成为生活的强者。

5. 授予孩子一定的家庭权利，让他去承担责任

孩子的独立性往往表现在他个人生活权利的行使上，但由于很多家长担心孩子不具备独立行使权利的能力，所以不敢把一些权利交给孩子。长此以往，孩子也难以真正独立。就拿经济支配权来说，如果父母不给孩子零花钱，就意味着孩子没有机会锻炼这方面的能力，如果父母给孩子零花钱却又干涉孩子的自由消费，还是难以让孩子学会这方面的能力。

所以，父亲应该随着孩子的年龄增长和能力的提高，给孩子安排一个合理的零花钱数目，并把支配权交给孩子，向孩子说明节余的钱归他自己。这样，不但能发挥孩子的自主性，而且能使孩子的经济意识和理财能力得到提高。

给孩子自由的生存环境

给孩子一个宽松、自由的生存环境，能够培养出孩子积极、健康的情绪及情感。干涉和束缚不利于孩子身心健康的发展，只有把握立规尺度，宽严双管齐下才会更加有效果。

刘溪刚上小学，每天要弹两个小时钢琴，每次她都极不情愿。有一次，在一个冬天，外面冷飕飕的，她的脚都冻麻木了，回头可怜地望望爸爸，眼神中似乎在问："我可以休息了吗？"爸爸严厉的声音传来："又想偷懒，时间早着呢，接着练。"

刘溪回过头时，眼泪就落下来了。她心想："真想长大啊，这样我就可以自主选择了。"刘溪痛苦地弹了四年琴，技艺却提升得不快，最后还是放弃了。她为此丢掉了动画片、小人书、橡皮筋、魔方……只要她想玩的，都没能如愿以偿。刘溪现在十五岁了，每当她回想起童年，依旧觉得苦不堪言。

孩子的成长需要一个宽松、开放、积极、民主、自由的环境。孩子拥有自主的时间和空间，身心才能够得到健康发展。

自由的时间给予孩子自主选择的机会，自由的空间激发孩子的创造力、想象力。孩子通过自由支配时间学会自主安排生活，来认知、感知生活和周围的世界。

孩子的健康成长需要父母视线之外的"自然空间"和"心理空间"，这些空间里住着孩子的"自我"。这种独立的"空间"，能激发孩子对生活的积极主动性，培养出孩子的个性，还能还原孩子童年的快乐、幻想和自由，为幸福的人生奠定根基。

给孩子自由支配的时间，让孩子走进自然，走进生活，有时间体味风花雪月、春暖花开、四季更替……可以陶冶性情，促进身心的和谐健康。孩子需要这种自主的时间和空间，这是心理健康发展的需求。

孩子在自主的时间和空间里，会变成一个发现者、创造者，实现自主成长。家长要允许孩子有自主的时间和空间，不去干涉、管制，让孩子通过自主成长，完成意志的转移，智力的发展，心理的成长。

1. 为孩子营造宽松、自由的成长环境

一个宽松、自由的成长环境，能满足孩子的童心，激发孩子的创造力，给孩子一个快乐的童年。自主的时间和空间，能激发孩子的创造欲望、玩乐心态。孩子的个性、兴趣都在自主成长中形成。

家长要尊重孩子的意愿，让孩子在一种宽松、民主的氛围中养成积极乐观的人格。一个良好的成长环境，能让孩子做喜欢的事，促进身心的自由发展。

2. 给孩子留出每天自主支配的时间

给孩子自主支配的时间，能激发孩子对生活的积极主动性。孩子在自由支配的时间里，将会提高交往、独处、分析问题和解决问题的能力。

黄治每天做完家庭作业后，爸爸不再对他提出要求，他可以自主支配自己的时间。黄治觉得自己在这段时间里很自由。他有时候随手翻几本书，有时候静思，有时候和伙伴嬉戏，有时候自己画一幅画……

黄治会安排好属于自己的这段时间，用自己的方式来认识、感知周围的生活和世界。黄治的童年是快乐的，他没有受到太多束缚。他喜欢画画，这是他的兴趣，但爸爸说："只要你不喜欢了，随时可以尝试其他的活动。"

家长要给孩子自由支配的时间，还原孩子童年的幻想和快乐。童年是人一生快乐的源头，家长不要用太多的束缚、限制夺走孩子的快乐。

3. 给孩子自主的游戏、活动空间

自主的游戏、活动空间，能激发孩子的兴趣，激发孩子的创造欲望，让孩子感受到愉悦。家长要减少对孩子的指导、关注、强制、管束，让孩子能自由、健康、快乐地成长。

陈蕴有自己单独的房间，他只要关起门后，小天地就任由他主宰了。他玩游戏的时候，爸爸从不干涉。陈蕴每天做完作业，都要到楼下去玩，他随时都能找到一大群的玩伴，大家一起玩弹珠、玩纸牌、玩角斗士……

陈蕴有时因玩游戏时太投入、太激烈而受了伤，爸爸也从不责怪他，只是教他简单的消毒处理方法，然后让他自行处理。

自主的游戏和活动空间能激发孩子的创造力、想象力，让孩子充分施展天性。孩子有自己的意愿、兴趣，他们需要自主的游戏、空间来实践。

4. 培养孩子的自主选择能力

孩子在餐厅点菜、买衣服、买学习用品时会常问："我选哪个呢？"家长会习惯性地马上给出建议。但孩子就这样失去了选择、发言的机会。家长要习惯做一个好听众，多听孩子的意见，让孩子拥有自主选择的能力。

让孩子学会自力更生

新加坡第一任总理李光耀的长子李显龙从小就非常聪明，14岁时就会说中文、英语、俄语。后来，李显龙被选为国会议员，人们都认为他能接父亲的班。但是李光耀声明：总理不是私有财产，不能传给儿子。而李显龙，通过自己的努力，成为新加坡第三任总理。

沃尔玛超市创始人沃尔顿没有让自己的孩子不劳而获，而是让他们为自己打工。

由此可见，杰出的人都很重视对孩子自力更生的培养。家长应该意识到，爱孩子并不是给他留下巨额财富，而是传授给他自力更生的优良品德，让他懂得靠自己的双手来取得人生中的辉煌，这才是家长送给孩子最宝贵的财富。

1. 从小培养孩子自力更生的意识

一天，8岁的晓畴对爸爸说："爸爸，您为什么没有钱呢？您看看，我们班上周朝的爸爸就很有钱，他经常给周朝买明星演唱会的门票。爸爸，您要是有钱，我要什么就有什么，我就可以呼风唤雨了。唉，我的爸爸为什么就没有钱！老天爷太不公平了。"

爸爸听了，教育晓畴说："孩子，你要知道这样一个道理：爸爸的成功并不代表孩子的成功。一个人只有靠自己的双手来改变自己的命运才是真正的成功。"

晓畴听了说："爸爸，我知道了。我要好好学习，用自己的双手取得成功。"

晓畴的爸爸是智慧的，他不仅及时制止了晓畴不劳而获的想法，还给孩子灌输了自力更生的意识：只有靠自己努力取得的成功才是真正的成功。

家长要从小培养孩子自力更生的意识。例如，吃饭要自己盛饭；被子要自己叠；学习要靠自己努力，不能存在侥幸心理；等等。

2. 为孩子制定一个自力更生的行为规范

朱利虽然只有6岁，但是却养成了自力更生的好习惯。原来，这全得益于爸爸每个月给他制定的一个自力更生的行为规范：每天自己独立起床，独立收拾自己的房间，独立完成作业，主动与同学交流……

当家长向孩子灌输自力更生的意识后，还需要根据孩子的实际情况，为他制定具体的行为规范，包括独立生活、独立学习、独立社交、独立解决问题等，以时刻提醒他要自强自立。此外，家长要对孩子进行监督，并配以相应的奖罚措施，以逐渐强化他自力更生的性格。

3. 培养孩子吃苦耐劳的精神

一天，爸爸花10块钱买了两本杂志，对9岁的小娇说："你把这两本杂志卖出去，我看看你能不能吃苦。"

小娇很高兴地接受了，但是过了一会儿，她就回来对爸爸说："爸爸，没有人买杂志。而且外面太热了，我受不了。"

爸爸鼓励她说："爸爸相信你能吃这点苦的。外面热，你可以找一个阴凉地。"

4个小时后，小娇高兴地回来了，对爸爸说："爸爸，我已经把两本杂志都卖出去了。刚才有一个老爷爷还说我懂事，能吃苦呢。"

爸爸说："孩子，你要记住，吃苦耐劳是一种美德。一个人要是没有吃苦耐劳的精神，是很难在社会上立足的。因为，终归有一天，你将要自己步入社会，不能总是依靠爸爸，明白吗？"

小娇说："爸爸，我明白了。"

由于现在的孩子受到家庭过多的溺爱，导致许多孩子不能吃苦，并从小养成了不劳而获的坏习惯，而当他们将来走向社会时，就会感到无助和无所适从。家长须重视对孩子吃苦耐劳精神的培养，从小让他吃点苦，以让他更好地立足于社会。例如，家长可以适当少给他零花钱，让他体验一下艰苦的生活；可以多让他干一些力所能及的家务活；等等。

　　此外，家长还需要注意一点，就是让孩子吃苦要有度。因为孩子吃的苦太多，时间长了，他就会因为受到打击而失去恒心和信心。所以，家长在培养孩子吃苦耐劳的精神时，要根据孩子的自身情况，如年龄、体质、性格等，适度而为。

4. 多给孩子成功的体验

　　周末，爸爸给了儿子10块钱，并对他说："孩子，你不是想吃西红柿炒鸡蛋吗？你可以拿这10块钱去买西红柿和鸡蛋，然后回家自己做，这样你会吃得更香的。"

　　儿子很高兴地去买西红柿和鸡蛋，回家后饶有兴致地炒起了菜。菜炒好了，爸爸见儿子津津有味地吃着，就对他说："怎么样？"

　　儿子说："爸爸，吃自己炒的菜感觉就是不一样，我觉得特别香。并且，我感到很满足和自豪。"

　　爸爸语重心长地说："是的。自己做的菜，吃起来就是香。同样，任何东西，只要是通过自己的努力获得的，你就会感到很满足和自豪。"

儿子明白了爸爸的意思，以后只要是自己能干的事，他都会自己去做。

所以，家长要鼓励孩子亲力亲为，让他体会到成功的滋味，如此一来，孩子也就逐渐形成自力更生的品质了。例如，在生活上，家长可以鼓励孩子自己做饭、洗衣服、打扫自己的房间；在学习上，家长要鼓励孩子独立做作业、自己攻破难题；等等。

定好规矩让孩子自己学会飞翔

相信每一个做父母的，都希望自己的孩子成长为"雄鹰"，将来能独立于世，勇敢地翱翔于蓝天。可是，很多时候我们所做的，不是在培养"雄鹰"，只是在造就"雏燕"。

孩子到学校打扫卫生，爸爸妈妈扛着工具跟在后面，到了学校不让孩子动一下手指头，所有的活儿都是爸爸妈妈包了，言称："不舍得让孩子做，累着了可怎么得了？"

孩子想出去玩，爸爸妈妈一个比一个态度坚决："我们没有时间陪你，你自己怎么可以出门玩呢？太危险了，还是在家里玩吧。"

周末，父母要加班，要孩子一个人在家，怎么想都不放心，只好东托西找，要么把孩子送奶奶姥姥家，要么托朋友照顾，再要么干脆带到单位去。

一见到孩子受了委屈，爷爷奶奶姥姥姥爷外加爸爸妈妈无不分外焦急，紧张地问发生了什么事情，然后争着抢着为孩子解决问题……

为什么就不能让孩子自己打扫卫生，做他该做的事情？为什么就不能放手让孩子自己下楼去玩，何必总要爸爸妈妈陪？为什么就不能把孩子一个人放在家里，让他学会照顾自己？为什么就不能让孩子独立解决遇到的问题？

　　正是我们过于重视、心疼、照顾孩子，从而剥夺了孩子自己管理自己的机会，失去了自我锻炼的机会。即便孩子要做雄鹰，做父母的不给孩子展翅飞翔的蓝天，孩子也只能窝在父母的羽翼下，做那只飞不过矮墙的小鸡。

　　小婷上小学5年级了，从来没有独自在家里待过。暑假的一天，父亲出差了，母亲有事要下午回来，不得不让她一个人待在家里。因为不放心，临走时母亲对她是千叮咛万嘱咐。可是傍晚回到家一看，孩子昏昏沉沉地睡在沙发上，腮边还挂着泪。叫醒了问她这一天怎么过的，个头都快比母亲高的女孩子哇哇大哭。原来妈妈给她准备的午饭，因为不会放到微波炉里热，就没有吃。饿着肚子什么也干不下去，没办法想起泡方便面吃，结果不小心让开水烫伤了手。想给妈妈打电话，又觉得没面子，就这样蜷缩在沙发上睡着了。她扑到妈妈的怀里，委屈地哭着："妈妈，我饿！"闹得妈妈像哄3岁孩子一样哄了她很久。

　　现在很多家长的教育观念是："宁肯自己挨饿，也要让孩子吃饱；宁肯自己累死，也不要孩子吃一点苦；宁肯自己饱受风雨，也不要孩子走出温室……"

　　换个角度，让我们看看国外那些声名显赫的成功者是如

何培养"雄鹰"的:

美国前总统卡特的独生女儿艾米,年仅14岁时,在暑假中一个人去打工,当服务员,主要任务是跑腿、送公文、干杂活,日薪2.5美元;芬兰总理的女儿在瑞典上学,由于瑞典物价比芬兰高,父亲给她的费用只够她日常所需的2/3,她便在业余时间到饭馆洗餐具,以补不足。

美国石油大亨老洛克菲勒是这样给孩子定规矩的:

他把孩子抱上一张桌子,鼓励他跳下来,孩子以为有爸爸的保护,就放心地往下跳。谁知往下跳的时候,爸爸却走开了,小洛克菲勒摔得很重,在地上大哭起来。这时,老洛克菲勒语重心长地对儿子说:"孩子,不要哭了,以后要记住,凡事要靠自己,不要指望别人,有时连爸爸也是靠不住的!从现在就开始学会自立吧!"

洛克菲勒家族中的孩子,从小就不准乱花钱,每一个孩子可支配的少量零花钱也要记账。在学校读书时,一律在学校住宿,大学毕业后,都是自己去找工作。直到他们在社会中锻炼到能经得起风浪以后,上一辈人才把家产逐步交给他们。正是因为洛克菲勒家族教育子女特别认真,注重培养孩子的独立生活能力,使孩子养成自立、自强的习惯,所以洛克菲勒家族里没有出败家子,使其家族历经几个世纪依然繁盛如初。

"抱养"的孩子只能是雏燕,放手让他去飞,他才会成长为搏击蓝天的雄鹰。

让孩子学会自己管理自己并学会照顾弱小，独立生活独立面对人生的风雨，这是对孩子理智的爱。道理很简单，我们不可能追随孩子一辈子，照顾孩子一辈子，总有一天孩子要远离我们独自走上属于自己的人生道路。

给孩子自由的生存环境

给孩子一个宽松、自由的生存环境，能够培养出孩子积极、健康的情绪及情感。

给孩子自主支配的时间，能激发孩子对生活的积极主动性。孩子在自由支配的时间里，将会提高交往、独处、分析问题和解决问题的能力。

自主的游戏和活动空间能激发孩子的创造力、想象力，让孩子充分施展天性。他们需要自主的游戏、空间来实践自己的意愿、兴趣。

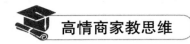

高情商家教思维

1. 在自立自强方面，您对自己的孩子如何评价？

_____

_____

2. 如果您由于出差的原因可能几天不在家，您的孩子能够照料自
  己的生活吗？您放心吗？

_____

3. 您在家务方面有多少是授权给孩子做的？他完成得如何？您有
  没有肯定和赞扬孩子？

_____

_____

4. 孩子做作业是想尽一切办法去独立完成还是不停地问您答案？

_____

5. 在培养孩子自立自强时我们有没有给孩子一个自由的空间，即
  便是犯了错误，也能用宽容、欣赏的态度帮助孩子提升。

_____

6. 试着创造一些机会，让您的孩子体验到成功者的感觉。

_____

第八章

爱有底线，坚决改掉孩子身上的坏习惯

给沉迷网络的孩子制定上网规矩

网络犹如一块神奇的土地，深深地吸引着青少年的眼球。网络又是一把双刃剑，在给孩子带来种种便利和好处的同时，也给孩子带来了许多负面影响。所以，需要家长制定好规矩，正确引导孩子上网。

李祥上五年级那年，有时候放学不及时回家，而是和同学去网吧玩游戏，爸爸非常反对李祥上网玩游戏，每次发现李祥回家晚了，就斥责他。有一次，李祥告诉爸爸："像我这么大的孩子，都玩电脑游戏，其实玩电脑游戏并不是那么可怕的，玩玩游戏可以放松心情，你为什么非把网络看得跟魔鬼一样呢？"

爸爸说："媒体上都说了，那么多孩子沉迷网络，彻夜不归，不仅耽误了学业，还毁了孩子呢。"

李祥回答道："其实沉迷网络游戏的孩子并不是很多，有些孩子天天把学习挂在嘴边，但却是在骗父母，而我该玩的时候玩，该学的时候学，绝对不会欺骗你和妈妈。"

听了儿子的话，爸爸说："好，我相信你。以后在家里玩电脑游戏吧，不要去网吧了，那里太乱了。"儿子听了点点头，然后回到了房间。爸爸悄悄过去一看，发现李祥正在写英语单词。

从那以后，爸爸会给李祥一定的上网时间，但是爸爸要求李祥要诚实、自觉、有度，并适时鼓励李祥说："我相信你是一个有自制力的好孩子！"李祥也很配合，有时候时间到了，他就主动跟爸爸商量："爸爸，我还需要几分钟，可以延迟吗？"

爸爸就说："你自己决定吧。"后来，爸爸不再限制李祥的上网时间了，完全由他自己掌握。

每天放学回家，李祥总是先去写作业，然后再上网、看书，上网的时间也不会很长，也不再玩游戏，而是改为踢场足球，或看看动画片之类的放松放松心情，看着孩子看动画片笑得前仰后合的样子，爸爸妈妈也经常被其快乐所感染，会心而笑。

教育孩子正确对待网络，不能靠训斥，而要给孩子适度的自由和充分的信任。如果想通过打骂和恐吓等方式使孩子放弃上网，那显然是行不通的。那样的话，孩子会更加叛逆，更加沉迷网络。

之所以要引导孩子正确上网，一方面，是害怕孩子玩网络游戏上瘾；另一方面，是为了防止孩子受到网络色情、暴力等内容的毒害，防止网络骗子坑害。作为家长，想要帮助孩子度过网络人生的危险期，关键是教育孩子正确认识网络，有节制地上网，为孩子上网构建"心灵防火墙"。

1．了解孩子心理特征，建立顺畅的沟通渠道

孩子处于成长、发育阶段，自控能力差，心理不够成熟，社会经验不足．网络热情又高，他们很容易被神秘而富于刺激的网络世界所吸引，沉迷于网络。尤其是网络色情，对孩子具有极大的诱惑力，一旦孩子受到毒害，将严重影响其幼稚而纯洁的心灵。

总之，当代孩子面临着复杂的成长环境。这就要求家长多和孩子平等交流、民主沟通，做孩子的知心朋友，使孩子明白爸爸妈妈是他最好的交流对象，这样孩子就不会迷恋网络聊天了。

2．注重教育方法，提高孩子的心理素质

孩子迷恋网络的心理不尽相同，有的是生活受挫，逃避现实；有的是兴趣爱好单一，户外活动缺乏；有的是人际关系糟糕……采取简单、粗暴的办法并非明智之举，让其为所欲为也非明智之策。因此，家长要注重教育方法，搞清楚孩子内心的想法，找到问题的症结，及时消除孩子的烦恼，提高孩子的心理素质就显得颇为重要。

3．引导孩子形成良好的上网习惯

很多孩子在无人看管的情况下容易沉迷网络游戏、聊天，既耽误学习又影响视力，这就要求家长对孩子的网络生活进行合理安排和规划，应该做到：时间要适度，要严格控制上机时间，一般每次安排不超过一小时；浏览健康的网站内容；关爱要到位，家长要拿出一定时间与孩子进行交流沟通；还要指导孩子注意安全，提高自我保护意识，网络交友要谨慎；还可通过与孩子签订

上机协议、将电脑放在客厅等方式，对孩子网络生活进行适度监控和合理安排，引导其养成良好的上网习惯。

4.注意给孩子传授信息鉴别方法

为避免孩子在盲目的搜索链接中遇到不良诱惑，家长应该传授给孩子基本的信息鉴别方法。如：链接前要先看其网址，尽量点击大家熟悉的规范网站；至于交友类网站，更不可轻易进入；家庭网络开通后，要及时安装专业的防沉迷软件，为孩子创造一个洁净的网络环境。

5.减少使用手机次数和时间

5G 时代的智能手机方便了信息交流与沟通，但其中藏有的风险与陷阱也非常可怕，加上青少年自我识别能力有限，很容易造成伤害，家长应及时提醒孩子加强防范。

6.充分开展休闲娱乐活动

如果家长在孩子的心灵中播下美好的种子，邪恶就难以侵入。因此，家长应该多举办一些丰富多彩的家庭休闲活动，如，集体远足、歌曲比赛、书画展览、家庭聚会等，指导孩子学会健康地娱乐、休闲。同时，家长可以充分利用一些能够增进家庭成员间感情的游戏，充实孩子的双休日生活，消除孩子对网络的依赖心理。

给太娇气的孩子定好自立坚强的规矩

娇气像是一个标识，成为现在的孩子身上的代名词。家长觉得孩子还小，就像是温室里的花朵，只有给予爱才可能得以健康的成长。可是，花儿再美，肥施得多了也会败落，水浇多了也会涝死，爱又怎可过多呢？娇气之所以产生，就是因为家长对孩子过于疼爱和娇宠。孩子一不顺心就闹上一顿，一不高兴就谁的话都不听，连吃口饭家长都要跟在孩子后面满屋子转。渐渐地，孩子娇过了头，家长却无力改变。时间一晃，孩子长大了，当家长无力再去保护他们、纵容他们的时候，孩子又该何去何从。

作为父母，即使其他人都反对你，你也要坚持改正孩子身上太娇气的毛病。也许家人一时对你无法理解，可是日后谁都能知道你的一片苦心，包括此时最不愿意接受你管束的孩子。

安安的爸爸发现，女儿越来越娇气了，一块橡皮找不到了，也要流眼泪；在外面没走上几步就吵着脚疼要打车，所以爸爸决定要找点"苦"来治治女儿安安的"娇"。

安安放暑假了。爸爸决定这次要违背一下妈妈的想法，不把女儿安排到各种辅导班上，而是带着女儿去较远的农村"找苦吃"。那是爸爸的一个远房亲戚家，条件很差。爸爸和安安必须坐六个小时的汽车，然后徒步走上半个小时才能到。起初，安安很兴奋，因为她长这么大，从来没有去过农村看一看。下了车，安安看到绿油油的田地高兴坏了，拉着爸爸就向村子里走去。可是，由于刚下过雨，路上很泥泞，安安白色的小皮鞋眼看就要变成黑色的了。于是，她伸手想让爸爸抱她走一段，爸爸却像没看到一样继续向前走。安安后悔了，她真恨不得马上回家，再也不走这样的路了。

　　终于到了亲戚家，这里没有好喝的果汁，只有井水解渴。晚上，吃饭的时候，虽然亲戚已经用心准备，但是还是很不合安安的口味。看着粗粮做的馒头、简单的炒青菜，安安没有动筷，从自己的包里拿出最后一袋饼干充饥。爸爸没有作声，看了安安一眼，津津有味地吃起饭来。亲戚家的大伯看到安安在吃饼干，明白是城里的孩子吃不习惯农村的饭菜，所以要去给安安买点吃的，却被爸爸制止了。到了晚上，安安饿着肚子心想终于可以休息了。可是，她没有想到，这里没有厚厚的席梦思，只是几个褥子铺在大炕上，女的都挤在一起睡。安安哭了起来，吵着要回家。可是爸爸理也不理她，不知过了多久，安安的哭声消失了，她睡着了。

　　过了几天，安安实在受不了，天天缠着爸爸要回家。因为这里，没有电脑，没有玩具，就连电视能收到的台都少得可怜。可是爸爸却每天帮大伯他们忙这忙那的，对于安安要回家的建议

爱有底线，坚决改掉孩子身上的坏习惯　169

采取"不理会"政策，并且告诉安安，至少要在这里生活一个月。渐渐地，安安开始适应这里的生活了，饭也不觉得难咽了，也不那么爱哭了，还常常帮爸爸做些力所能及的事情。一转眼，暑假快要结束了，爸爸和安安谢过了亲戚一家人，踏上了回家的路程。

奇怪的事情发生了，安安真的变了。她不仅知道要珍惜粮食，还学会了如何与人相处，最重要的是，安安不像以前那样爱哭，爱撒娇了。妈妈问爸爸："你到底用了什么招儿，让安安这个娇气十足的大小姐变成了人见人爱的好孩子啦。"

没苦就去找苦，现在的孩子欠缺的就是吃苦的精神。爱孩子就更要引导孩子丢掉坏毛病，从而完成一个闪光的蜕变。

孩子不可"娇"，所以当孩子有了这些表现，家长就要注意，孩子已经成为"娇气大军"中的一员了。

第一，挑食。顺口的吃个没够，不顺口的任你怎么劝，怎么喂也不为所动。

第二，耍小性子。有点小毛病，就什么都不能做了，学也不能上了；在商店看上的东西不给买就哭闹个不停；顺心的东西才会用，不顺心的东西就算浪费也不碰一下。

第三，学习时我最大。只要一学习自己地位就提升了，一会儿要喝水，一会儿要吃水果，一会儿铅笔尖粗了没法写了，一会儿又文具乱了没心情了。反正，如果家长没做好"服务"，作业忘了，作业做错了或是考试没考好，那准是你的责任。

第四，不爱干活。如果家长说"来，给你买了好东西"。他马上会乐颠颠地奔过去。可是只要家长说"把碗帮忙摆上"等支使他干活的事情，他总会有这样那样的借口。比如说"我正在做作业""我累着呢"，偶尔推托不掉了，对付一下了事，也会抱怨连连。

第五，爱听表扬，受不了批评。一表扬，尾巴就翘起来。一批评，心情就大打折扣，眼泪总会相伴而来，甚至并不接受批评，明知自己不对也要无理搅三分。

遇到这些情况，家长要想办法来纠正孩子这种不好的习惯，定好规矩，让娇气的孩子也能逐渐学会吃苦耐劳、自立坚强。比如说，可以和孩子一起参加一些"吃苦"的活动，像坚持跑步、爬山、跳绳等都是很好的方法。另外，家长还可以和孩子一起做家务，像洗衣服、擦地板、小面积粉刷墙面等。家长在孩子娇气的问题上不要心软，如果做到一半就向孩子妥协是无法达到理想效果的。所以，家长们，你们也要加油。

坚守按时作息的好规矩

东东今年已经上小学一年级了，可是，他却每天总在早晨赖床，无论大人怎么对他说"该起床了""时间已经到了，要起床了""起床上学""再不起床就要迟到了""真的要迟到了"都不听。于是东东每天起床成了最让爸爸头疼的一件事，每次总是喊他半天，而且要连斥责带吓唬，才能使他爬起床来。对此，爸爸十分无奈，要怎么样才能让他按时起床呢？

像案例中的东东一样，太阳已经晒到屁股了，孩子却仍"赖"在床上，任由家长"火冒三丈"，这是每天早晨常见的情景。面对家中宝宝的赖床现象，家长应该了解是什么原因造成的这种现象。

每位家长都希望自己的孩子有一个规律的作息时间，但是，人的惰性可能会体现在方方面面，有的孩子偏偏喜欢晚睡晚起，生活秩序大乱，着实令家长伤脑筋。 由于工作或娱乐的原因，现在的家长"夜猫子"不少，常常在深夜入睡，这种晨昏不定的作息相对地也打乱了孩子正常的睡眠时间，睡得晚，早晨自然就起不来。

此外，倘若家长习惯在睡前与孩子玩耍，使其处于精神亢奋状态，孩子会非常不容易入睡，因而导致第二天早晨赖床的情况。因此，赖床往往都是因为睡眠时间不正常所造成的。

造成赖床的另一个原因是孩子抗拒上学，两三岁的孩子最容易有赖床的习惯，主要是因为"不想去幼儿园"。遇到这种情况，家长就要详细了解是什么原因所致，是孩子不适应幼儿园的生活，还是前一天在幼儿园里与其他小朋友有冲突。在了解了原因之后，家长可以协助孩子适应学校生活，让他喜欢去幼儿园，这样也可以改善他的"赖床"行为。

孩子在各个阶段究竟睡多长时间合适呢？一般来讲，1 至 12 个月的宝宝一天的平均睡眠时间应为 15 小时左右；12 至 18 个月的宝宝一天的睡眠时间应在 13.5 小时左右；而 18 个月至 3 岁孩子的睡眠时间最好在 12 小时左右。

切记，年龄越大的孩子越需要正常的生活作息，越需要养成良好的睡眠习惯，要让他坚决守好按时作息的好规矩。

首先，家长必须先确定孩子的充足睡眠时间是多少。可以找一个晚上让他早点睡，一直到他精神饱满地醒过来为止，由此推算他应当在几点睡觉才足够。

了解孩子所需的睡眠时间后，就要训练孩子养成按时起床的习惯——让他自己起床。爸爸可以对他说："以前都是爸爸叫你起床，现在你上一年级了，要学会自己起床，爸爸以后就不再叫你了。"

可以给孩子准备一个闹钟或放音乐来帮助他，并鼓励孩子再接再厉。

当然，要小孩在短期内自己控制作息时间是不太可能的。如果能利用寒暑假这段较充裕又无须顾虑迟到的时间，成效应该会更好。如有可能，与学校合作效果自然更显著。因为老师的一言一行对低年级的孩子都有特别强的影响力。偶尔可让老师利用机会对孩子说明早睡早起的重要性，也让孩子更能体会父母的爱心与关怀。

给莽撞的孩子定好谨慎冷静的规矩

亚平是个高中生，外表高高大大，看起来已经像是一个大人了，但做起事情来却很莽撞，这让他的爸爸感到头疼。

有一次，爸爸吩咐亚平去办一件事，其实很简单，就是把两封请柬分别送到两户人家。为了避免出差错，爸爸一再叮嘱亚平要细心，亚平答应得倒是很干脆，结果还是把两家人的请柬送反了。

还有一次，家里乔迁新居，爸爸妈妈手里都拿着东西，当时只能让亚平去开新家的门。亚平立刻就去开门，谁知用力过猛，半截钥匙卡在了锁眼里！

除了做事情容易出错以外，亚平还很容易冲动。有一次，妈妈告诉亚平一件事，事情才说了一半，亚平就急不可待地要去做，根本不能静下心来听妈妈把话讲完。为了亚平的莽撞，爸爸妈妈没少说他，可是亚平怎么也改不了。眼看着儿子就要高中毕业，将来可能要远离父母独自在外求学，爸爸觉得必须把亚平的毛病给纠正过来，否则太让人不放心了。

研究性格的心理学家指出，做事莽撞的人，虽然很有热情和朝气,也有敢作敢为的勇气,但是他们过于急躁,考虑问题过于简单,而且经常不计后果,所以往往是好心办坏事。本案例中的亚平就具有这些特点。他对父母交代自己要做的事情总是很乐意去完成,但是行动过于迅速,不是眼睛还没有看准,就是头脑还没有想清楚,所以事情很少有办得好的。而且,亚平的脾气比较急,他的高级神经活动属于特别容易兴奋和冲动的类型,所以自制能力比较差。

但是,必须说明的是,亚平做事莽撞既有他自己的原因,也有家长的责任。亚平虽然鲁莽,不过他并非从来没有把事情办好的经历,可惜爸爸没有对这些好的表现给予足够的重视。相反地,爸爸更多地看到了亚平所犯的错误,总是一再强调亚平办事莽撞,这种强调的本意是想提醒亚平要冷静细心,但在心理学上却称之为强化。根据教育心理学的理论,强化的对象本来应该是值得保持的行为,亚平父亲强化的却是儿子莽撞的行为,所以才会批评了很多次却毫无效果。其实,亚平就是因为挨的批评太多,所以更加急切地想改变自己在父亲心目中的形象,但是他找不到方法,反而不断地出错。

面对孩子的莽撞,家长想让孩子变得谨慎稳重有规矩,应该注意以下几个方面。

1. 以表率作用产生潜移默化的影响

当着孩子的面,家长不要不加考虑就决定干某事。因为家长的仓促决定比晚做那件事的影响更不好。如果孩子要求家长立即去做某件事,家长可以说:"先让我想想怎么做。"想一会儿再告诉孩子:"这件事我还没想好怎样去做,不要马上去做。下次遇到事情要提前告诉我。"这样既强调了事先要考虑，又使孩子比较容易地克制要家长立即为他做某事的欲望。家长在家里做事情不仅要有计划，而且要经常和孩子谈谈这些计划。如果需要孩子完成一些计划时，事先要向孩子交代清楚，应该做什么，什么时候做，做多久，什么事情可能发生，应该遵循什么规则等，使孩子懂得，做事是需要有计划的，并能逐渐养成这种好习惯，这样也就会减少莽撞行为。

2. 正确地运用奖励来强化孩子的自我控制能力

当孩子能够自觉克制自己的某一冲动，完成家长交给的任务时，家长就要立即予以奖励，不要放过机会。这样可以强化孩子所获得的控制冲动的能力。但是要正确地运用奖励，要让孩子通过他自己的努力去获得。奖励分物质的和精神的两种。在精神奖励中，语言的奖励往往是很有效的。例如对孩子说："你这样做，爸爸会更喜欢你。"这对孩子是珍贵的奖赏。语言是"价廉物美"、作用巨大的奖品。

3. 适当地运用批评来克服孩子的冲动

当孩子冲动"发作"时，家长既不能撒手不管，也不能"妥协"而随便答应一些不适当的要求来姑息迁就孩子，而是要运用正确的批评，有礼貌地予以制止。如果常用谩骂和体罚的方法，孩子在家长的威胁之下冲动虽然也能抑制一会儿，但当摆脱家长的权威之后，就会变本加厉地发泄被压抑的不满心理，行为变得更加粗暴、鲁莽。这种方法培养的孩子，成年之后常常不能离开别人的指导和管理，遇事很难自己做出正确的决定。

给任性的孩子定好自控规矩

军军是个非常任性的孩子，这在他父母的朋友圈子里是个公开的秘密。因此，也是军军父母最大的一块心病。

有一天，爸爸带军军去市百货商场里买东西，军军看中了一辆遥控汽车，因为军军刚过完生日，收到了好几辆作为礼物的汽车模型，所以爸爸决定不给军军买。结果这可了不得啦，军军开始耍脾气，又哭又闹，躺在地上不起来，还不停地打着滚，爸爸假装不理他，结果军军就更来劲，甚至用嘴啃地板。爸爸无奈之下，只好买了那辆玩具车。其实，这种情况不是第一次发生，有时，军军的爸爸让军军做什么事，他如果不想做就不做，"就不……""偏不……"成了他的口头禅，无论别人怎么劝说都无效，尤其是在公共场所常使大人十分尴尬，叫军军的父母好不烦恼。

任性，也就是通常所说的固执己见、一意孤行。案例中的军军就是这样一个十分任性的孩子。

有这种习惯的孩子做事情时总是由着自己的性子来，想干什么就干什么，听不进他人的劝告。如果事不遂愿，就大吵大闹、乱发脾气，或者闷闷不乐、伺机报复。任性的孩子以自我为中心，以为自己是一切的主宰，周围所有的人和事都是为满足自己的需要而存在，都要听任自己的支配。想获得什么东西，不管客观条件是否允许，非得到不可；想做什么事情，不管是否合理正确、有益可行，而非做不行，越是劝阻，他们就越坚持。这样的坏习惯当然要及早纠正，否则孩子到社会上必然碰壁，也无法立足。

　　常常听到许多家长说，"我的孩子很任性，气死我了"；还有的家长说，"现在的孩子一个比一个任性，真拿他们没办法"。其实，多数孩子只是有点任性，真正很任性、养成了任性习惯的孩子还是少数。

　　那么，家长应该如何制定规矩纠正孩子的任性呢？

　　1. 对孩子的要求，要有一定的规矩

　　从孩子出生起，家长对孩子的行为，要用"要"与"不要"、"好"与"不好"、"可以"与"不可以"加以肯定或否定，不能含糊，更不能随意变动。这样，孩子就养成了服从一定行为准则的好习惯。

　　2. 保持父母的主导作用

　　父母应该是孩子的朋友，要与孩子彼此互相信任，但这并不等于双方处于同样的地位。心理学家认为，做父母的人应该是家庭这艘航船的船长，他们应该经常倾听"船员"的呼声，这样才能更好地引导航向。

专家指出，要正确地运用家长的权威。大量的调查表明，孩子出现任性同家长不能正确地运用自身的权威有很大关系。家长平时如果能够真诚地关心孩子，平等地和他谈心，严肃地批评他的过错，就能在孩子心目中树立权威，取得孩子的敬佩和信任，家长的劝说就容易被孩子接受，孩子任性的可能性就大大减少。如果家长以为自己是"老子"，自己供养了孩子，就一定要孩子无条件地服从自己，根本不考虑孩子的需要和愿望，就会使孩子产生逆反心理，出现任性的情况。当然，有的家长总是像保姆一样对待孩子，什么都顺着孩子的意愿办，对孩子的无理行为也不严肃批评，这必然助长孩子的有恃无恐心理，强化孩子的任性。因此，家长一定要正确地运用权威，过于严厉和过于慈悲都不可取。

3. 不要进行个人攻击

有的孩子任性并非有意对抗大人，而是事出有因——孩子有他自己的"道理"。对此，家长要仔细地了解孩子固执己见的原因，心平气和地告诉他不能任性的道理。比如，有的孩子三番五次地要求家长给他买名牌球鞋，家长不答应他就以不去上学相威胁。经过了解，家长知道孩子班里的几个要好同学都买了这种名牌球鞋，孩子觉得自己不穿这种鞋太没面子。于是，家长告诉孩子小学生并不需要都穿这种鞋子，自己家里经济条件不适合买昂贵的鞋子，讲清同学之间不应攀比之类的道理，以此来说服孩子。

4. 父母对孩子的要求要一致

虽然父母不必对每一个问题都持有一致的看法，但在教育孩子时，确实需要保持一种"灵活的配合"。因此，父母在处理一个有关教育孩子的问题时，应该先私下里商量好，决定对什么可以让步，对什么应当坚持，然后一起开始行动。

5. 坚守规矩，让孩子学会自我控制

孩子的任性发作一般是有规律的，他总是在某种情况下才出现固执的行为，对此家长一定要心中有数。当可能诱发孩子任性的条件将要出现时，家长要预先做好"防范"工作，不让孩子的任性发作。比如，有的孩子"客来欢，人来疯"，总是缠住到家来的客人不放，对此家长可以在客人来到之前告诉孩子要有礼貌，不要妨碍大人和客人之间的交谈，否则大人和客人就不会喜欢他，也不愿带他到客人家去玩。当客人来家时，要根据孩子的表现，或表扬他表现好，或暗示他该走了，或批评他不该缠着客人。这样，不给孩子任性发作的机会，也会使他逐渐学会自我控制。

6. 避免孩子任性，不要激化矛盾

如果孩子不听话，家长不要与之僵持，可使用转移孩子注意力的方法来解决问题。孩子的兴趣和注意力极不稳定，原来的想法或意图常因一时冲动而被遗忘。所以，当孩子任性时，家长可用其他事岔过去，再积极引导，这比消极制止效果要好得多。

7. 对任性的孩子，不能迁就

孩子会用他们的办法与大人作斗争，比如哭闹、打滚、不吃饭等。遇到这种情况，家长不要心疼孩子，要横下心来，坚持自己的原则，不要理睬他。孩子本是闹给大人看的，没人理他自然就不会再继续了。闹过之后，家长要把道理向孩子讲清楚，使孩子认清道理、服从道理。

8. 家长不要发脾气，打骂孩子

孩子任性耍混，常使家长生气，特别是当着亲戚朋友的面，或是在大庭广众之下，觉得很丢面子，不由得也发起火来，想强迫孩子听话，孩子往往也不示弱，结果便打骂起来。这样一来，家长不仅没挽回面子，反而让大家看到其教子无方，更加难堪。

纠正孩子沉迷网络的坏习惯

媒体上都说了，那么多孩子沉迷网络，彻夜不归，不仅耽误了学业，还毁了孩子呢。

教育孩子正确对待网络，不能靠训斥，而要给孩子适度的自由和充分的信任。

好，我相信你。以后在家里玩电脑游戏吧，不要去网吧了，那里太乱。

想要帮助孩子度过网络人生的危险期，关键是教育孩子正确认识网络，为孩子上网构建"心灵防火墙"。

我要回家，我要见妈妈！

没苦就去找苦，现在的孩子欠缺的就是吃苦的精神。

你到底用了什么招儿，让安安这个娇气十足的大小姐变成了人见人爱的好孩子啦。

爱孩子就更要引导孩子丢掉坏毛病，从而完成一个闪光的蜕变。

高情商家教思维

1. 您的孩子喜欢电脑、手机吗？您了解他都在做些什么吗？如果玩游戏，他都玩哪些游戏？有没有成瘾？

2. 如果孩子沉迷于游戏，在戒掉网瘾这方面您采取了哪些措施？您有没有取得孩子的配合并和孩子一起制订一个计划？

3. 您知道您的孩子需要合理的睡眠时间是多少小时吗？小孩子赖床的真实原因您知道吗？如何解决？

4. 如果您的孩子做事有点莽撞，您制定规矩来解决孩子容易冲动的问题了吗？

5. 您的孩子身上还有哪些坏习惯需要纠正呢？试着站在孩子的角度考虑一下为什么会这样，怎样才能纠正这些坏习惯，和孩子沟通好达成一致去克服这些坏习惯。

